Anne Morrow Lindbergh

Muscheln in meiner Hand

RICHARZ GESCHENKBIBLIOTHEK
Bücher in Großdruck

Anne Morrow Lindbergh

Muscheln in meiner Hand

RICHARZ GESCHENKBIBLIOTHEK
Verlag CW Niemeyer · Hameln

CIP-Kurztitelaufnahme der Deutschen Bibliothek

Lindbergh, Anne Morrow:
Muscheln in meiner Hand / Anne Morrow Lindbergh.
[Übers. von Maria Wolff. Die Gedichte übertr. Peter Stadelmayer].
– 1. Aufl. – Hameln: Niemeyer, 1987.
(Richarz-Geschenkbibliothek: Bücher in Grossdruck)
Einheitssacht.: Gift from the sea <dt.>
ISBN 3-87585-702-X

Die Originalausgabe erschien 1955 unter dem Titel
„Gift from the sea"
im Verlag Pantheon Books Inc., New York

1. Auflage 1987
Gesamtherstellung CW Niemeyer-Druck, Hameln
Printed in Germany
ISBN 3-87585-702-X

INHALT

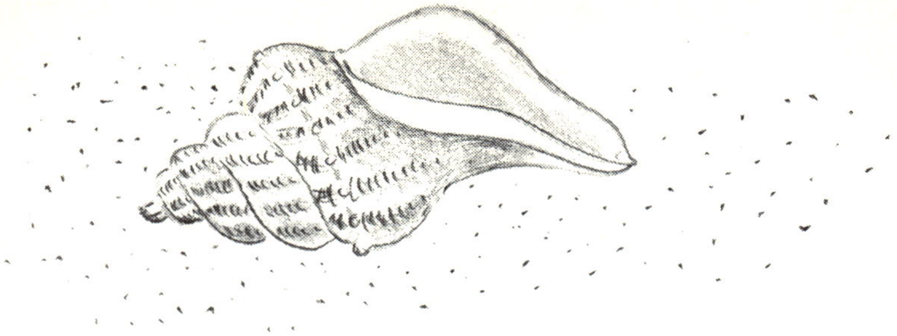

Ursprünglich schrieb ich diese Seiten nur für mich selbst. Ich wollte meinen eigensten Lebensstil, meinen persönlichen Lebensrhythmus zwischen meiner Arbeit und meinen menschlichen Beziehungen überdenken. Und da ich am leichtesten mit dem Bleistift in der Hand denke, ergab sich das Schreiben von selbst. Als sich meine Gedanken zum erstenmal auf dem Papier ordneten, glaubte ich, meine Erfahrungen seien sehr verschieden von denen anderer Menschen. (Erliegen wir alle dieser Täuschung?) Ich genoß in meinem Leben in gewisser Hinsicht mehr Freiheit, als den meisten Menschen zugeteilt ist, in anderer Hinsicht war ich wesentlich beengter.

Außerdem, so glaubte ich, suchen nicht alle Frauen nach einem neuen Lebensstil, noch haben sie das Bedürfnis nach einer ungestörten besinnlichen Ecke. Viele Frauen finden sich mit ihrem

Leben sehr wohl ab. Sie werden erstaunlich gut damit fertig. Äußerlich gesehen schien mir, als meisterten sie es viel besser als ich. Mit Neid und Bewunderung betrachtete ich die glasglatte Vollkommenheit ihrer im ungestörten Pendelschlag schwingenden Tage. Vielleicht hatten sie keine Probleme oder sie hatten schon längst eine Antwort darauf gefunden. Nein, dachte ich schließlich, diese Überlegungen können nur für mich selbst von Wert und Interesse sein.

Als ich aber weiterschrieb und mich gleichzeitig auch mit anderen Frauen unterhielt, jungen und alten Frauen mit den unterschiedlichsten Lebenserfahrungen – mit solchen, die für sich selbst sorgen mußten, mit jenen, die berufstätig sein wollten, mit den schwerarbeitenden Hausfrauen und Müttern und mit denen, die ein relativ sorgloses Leben hatten – da stellte ich fest, daß ich mit meinen Ansichten keineswegs allein dastand. Auf die verschiedenste Weise und in mannigfaltiger Gestalt entdeckte ich, daß viele Frauen, und auch Männer, mit genau den gleichen Problemen rangen wie ich, und daß sie begierig waren, sich darüber auszusprechen und sie zu diskutieren und möglicherweise zu einer Lösung zu gelangen. Selbst diejenigen, deren Leben ungestört und minutengenau hinter einem lächelnden Zifferblatt dahinzuticken schien, versuchten oft wie ich, einen neuen Rhythmus mit mehr schöpferischen Pausen zu finden, ihren individuellen Bedürfnissen besser Rechenschaft zu tragen und in einen neuen und lebendigeren Kontakt zu sich selbst und anderen zu kommen.

Und so wurde allmählich diese Folge von Kapiteln, die aus den Gesprächen, Argumenten und Enthüllungen von Frauen und Männern der verschiedensten Art gespeist sind, mehr als meine persönliche Geschichte, so daß ich zu guter Letzt beschloß, sie den Menschen, die viele dieser Gedanken geteilt und angeregt haben, zurückzugeben. So übergebe ich denn, mit dem Gefühl wärmsten Dankes und der Verbundenheit, das Geschenk des Meeres wieder denjenigen, die meine Bemühungen teilen.

I

DER STRAND

Der Strand ist nicht der rechte Ort zum Arbeiten, zum Lesen, Schreiben oder Denken. Das hätte ich aus früheren Jahren noch wissen müssen. Er ist zu heiß, zu feucht, zu weich für jede wirkliche gedankliche Disziplin oder geistige Einfälle. Man lernt es nie. Hoffnungsvoll nimmt man den verblichenen Strandbeutel her, vollgestopft mit Büchern, Schreibpapier, überfälligen Briefschulden, frisch gespitzten Bleistiften und guten Vorsätzen. Die Bücher bleiben ungelesen, die Bleistifte brechen ab, und der Schreibblock ist weiterhin so frisch und unberührt wie der wolkenlose Himmel. Kein Lesen, kein Schreiben, nicht einmal ein paar Gedanken – jedenfalls nicht im Anfang.

Im Anfang beherrscht uns ausschließlich unser erschöpfter Körper. Wie an Bord eines Schiffes verfallen wir der Liegestuhl-Apathie.

Gegen den eigenen Willen, gegen alle guten Vorsätze überwältigen uns die Ur-Rhythmen der Küste. Die Brecher auf dem Strand, der Wind in den Pinien, der träge Flügelschlag der Reiher über den Dünen lassen uns das hektische Pulsen der Städte und Vorstädte, der Fahrpläne und Terminkalender vergessen. Dem Zauber verfallen, dehnt sich entspannt der ruhende Körper. Man wird eins mit dem Element, auf dem man liegt, vom Meer hingestreckt; einsam, preisgegeben, leer wie der Strand, den die Flut von den Überresten des Gestern reingewaschen hat.

Und dann, an irgendeinem Morgen der zweiten Woche, erwacht der Geist und ersteht zu neuem Leben. Nicht im Sinne der Stadt – nein – in der Art des Strandes. Er beginnt zu wandern, zu spielen, sich in lässigen Windungen zu überschlagen gleich den trägen Wellen, die auf den Sand rollen. Man weiß nie, was für zufällige Schätze jene spielerischen unbewußten Brecher auf den glatten, weißen Sand des Bewußtseins spülen werden; was für einen vollkommenen gerundeten Stein, was für eine seltene Muschel sie vom Grund des Ozeans mitbringen. Vielleicht eine Wellhornschnecke, vielleicht eine Mondmuschel oder sogar eine Argonauta.

Aber man darf nicht danach suchen oder etwa gar danach graben! Nein, nur kein Schleifnetz über den Meeresgrund ziehen. Das würde unseren Zweck vereiteln. Das Meer belohnt jene nicht, die zu beflissen, zu gierig oder zu ungeduldig sind. Nach Schätzen zu graben beweist nicht nur Ungeduld und Gier, auch Mangel an Glauben. Geduld, Geduld, Geduld lehrt uns das Meer. Geduld und Glauben. Leer, offen und passiv wie der Strand sollten wir daliegen – das Geschenk des Meeres erwartend.

II

WELLHORNSCHNECKE

Die Muschel in meiner Hand ist verlassen. Einmal war sie die Behausung einer Wellhornschnecke und nach dem Tod dieses ersten Bewohners wurde sie vorübergehend von einem kleinen Einsiedlerkrebs bezogen, der dann fortlief und seine Spur wie eine zarte Ranke im Sand hinterließ. Er lief fort und ließ mir seine Muschel. Sie war einmal sein Schutz gewesen. Ich drehe die Muschel in meiner Hand und schaue in die weit geöffnete Tür, durch welche der Krebs sie verlassen hat. War sie ihm zum Gefängnis geworden? Weshalb ist er fortgelaufen? Hatte er gehofft, ein besseres Haus, bessere Lebensbedingungen zu finden? Ich begreife, daß auch ich fortgelaufen bin, daß auch ich für diese kurzen Ferienwochen die Muschel, die mein Leben war, verlassen habe.

Aber seine Muschel ist unkompliziert; sie ist einfach, sie ist schön. Klein wie ein Daumen und bis in das kleinste Detail von vollkommener Form. In der Mitte wie eine Birne anschwellend, schraubt sie sich in einer sanften Spirale bis zur nadelscharfen Spitze. Die stumpfgoldene Farbe erhielt durch das Salz des Meeres einen weißen Schimmer. Jede Windung, jede kleinste Erhöhung, jedes Äderchen in dieser eierschalenartigen Substanz ist so deutlich wie am Schöpfungstag. Mein Auge folgt entzückt dem äußeren Umlauf der winzigen Wendeltreppe, die jener Einwohner zu begehen pflegte.

Meine Muschel hat keine Ähnlichkeit mit dieser, denke ich. Wie unordentlich ist sie geworden! Von Moos überwachsen, von Muscheltieren überkrustet, kann man ihre ursprüngliche Form kaum mehr erkennen. Gewiß, einmal hatte sie eine Form. In meiner Vorstellung hat sie immer noch eine Form. Wie ist die Form meines Lebens?

Meine heutige Lebensform erwächst aus einer Familie. Ich habe einen Mann, fünf Kinder und ein Haus jenseits der Außenbezirke von New York. Ich habe auch ein Handwerk – ich schreibe – und deshalb eine Arbeit, der ich nachgehen möchte. Meine Lebensform wird natürlich auch von vielen anderen Dingen bestimmt; durch meine Herkunft und Kindheit, meinen Verstand und seine Bildung, mein Gewissen und seine Nöte, mein Herz und sein Sehnen. Ich will meinen Kindern und meinem Mann etwas sein und ihnen etwas geben, mit meinen Freunden und mit der Gemeinde leben, meine Verpflichtungen den Menschen und der Umwelt gegenüber als Frau, als Künstlerin und als Bürgerin erfüllen.

Aber zuerst will ich – und das ist das eigentliche Ziel all dieser anderen Wünsche – in Einklang mit mir selbst sein. Ich wünsche eine eindeutige Sicht, Reinheit meiner Absichten, einen festen Mittelpunkt für mein Leben, die es mir ermöglichen, jene Verpflichtungen und Aufgaben so gut wie möglich zu erfüllen. Ich wünsche – um es durch einen theologischen Begriff auszudrücken –, »im Stand der Gnade« zu leben, soweit mir das überhaupt möglich ist. Ich gebrauche diesen Begriff nicht im streng theologischen Sinn. Unter Gnade verstehe ich eine innere, im wesentlichen spirituelle Harmonie, die sich auch durch äußere Harmonie auszudrücken vermag. Vielleicht suche ich das, was Sokrates in seinem Gebet in *Phaidros* erflehte, wenn er sagt: »Laß den äußeren und den inneren Menschen eins werden.« Ich will einen Zustand der Gnade erreichen, aus dem heraus ich so sein und handeln kann, wie ich in der Vorstellung Gottes sein und handeln sollte.

So ungenau diese Definition auch sein mag, so sind sich doch, glaube ich, die meisten Menschen bewußt, daß sie in bestimmten Lebensabschnitten »im Stand der Gnade« und in anderen wieder »ohne Gnade« waren, wenn sie vielleicht auch nicht die gleichen Bezeichnungen dafür verwenden. In jenem glücklichen Zustand glaubt man, alles mühelos bewältigen zu können, als würde man von einer mächtigen Welle getragen, und in diesem kann man kaum ein Schuhband knüpfen. Zugegeben, ein großer Teil des Lebens besteht darin, die Technik des Schuhband-Knüpfens zu erlernen, ob man nun im Stand der Gnade ist oder nicht. Aber es gibt auch eine Technik des Lebens; es gibt sogar Techniken, nach der Gnade zu suchen. Und Techniken kann man entwickeln. Durch etliche Erfahrung und viele Beispiele und durch die Werke der zahllosen anderen Menschen, die sich vor mir auf die Suche begaben, habe ich gelernt, daß gewisse Voraussetzungen, Lebensbedingungen und Lebensweisen für die innere und äußere Harmonie zuträglicher sind als andere. Tatsächlich gibt es bestimmte Wege, denen man folgen kann. Einer davon ist die Vereinfachung des Lebens.

Darunter verstehe ich, daß man ein einfaches Leben führen, sich eine Muschel wählen soll, die man leicht tragen kann – wie ein Einsiedlerkrebs. Aber ich tue es nicht. Mein Lebensstil ist nicht auf Einfachheit zugeschnitten. Mein Mann und die fünf Kinder müssen ihren Weg in der Welt machen. Das Leben, das ich als Frau und Mutter gewählt habe, zieht eine ganze Karawane von Komplikationen nach sich. Es schließt ein Vororthaus ein und dementsprechend entweder Plackerei im Haushalt oder Dienstboten, die für die meisten von uns kaum oder gar nicht zu haben sind. Es dreht sich um Nahrung und Behausung, um Mahlzeiten, Einteilen, Einkäufe, Rechnungen und ein tausendfältiges Fertigwerden mit den Gegebenheiten. Es besteht nicht nur aus »Schuster, Schneider, Scherenschleifer«, sondern aus zahllosen weiteren Fachleuten, mit deren Hilfe mein modernes Haus mit seinen modernen »Erleichterungen« (Elektrizität, Installation, Kühlschrank, Gasherd, Ölheizung, Waschmaschine, Radio, Auto und anderen arbeitssparenden Erfindungen) richtig funktioniert. Es dreht sich um die Gesundheit, um Ärzte, Zahnärzte, Konsultationen, Medizinen, Lebertran, Vitamine, den Gang zur Apotheke. Und um die Erziehung: ethische, intellektuelle, körperliche; Schulen, Besuche bei den Lehrern, die Fahrten zum Sportplatz und den Weg zum Musikunterricht; Nachhilfestunden; Ferienlager, Zeltausrüstungen und zahllose Bahnfahrten. Die Kleidung: Einkaufen, Waschen, Reinigen, Flicken, Säume-Auslassen und Knöpfe-Annähen oder die Suche nach jemand, der diese Arbeiten übernimmt. Dazu kommen die Freunde; die Freunde meines Mannes, meiner Kinder und meine eigenen, und die endlosen Verabredungen, bis alles klappt; Briefe, Einladungen, Telefonate und die Wege von einem zum anderen.

Denn das Leben in Amerika basiert heute auf immer weiter reichendem Kontakt und Austausch. Es umschließt nicht nur die Bedürfnisse der Familie, sondern auch die der Gemeinde, der Nation, der Welt, und beansprucht den verantwortungsbewußten Bürger durch erdrückende soziale und kulturelle Anforderungen, durch Presse, Rundfunk, Wahlkampagnen, Wohltätigkeit und so weiter. Mein Kopf schwirrt davon. Welche akrobatischen Kunststücke müssen wir Frauen tagtäglich vollbringen! Das stellt jeden Trapezkünstler in den Schatten. Seht uns an! Jeder Tag ist ein Balanceakt auf dem Hochseil, mit einem Stapel Bücher auf dem Kopf. Kinderwagen, Regenschirm, Küchenstuhl – alles noch im Gleichgewicht! Nur immer mit der Ruhe!

Das ist nicht das einfache Leben, sondern das vielfache Leben, vor dem uns die Weisen warnen. Es führt nicht zur Sammlung, sondern zur Zersplitterung. Es führt nicht zur Gnade, es zerstört die Seele. Und das gilt nicht nur für mein Leben; so ist tatsächlich das Leben von Millionen Frauen in Amerika. Ich betone Amerika, denn heute ist es in weit größerem Maß das Privileg der amerikanischen Frau als das jeder anderen, ein solches Leben zu wählen. In großen Teilen der zivilisierten Welt ist die Frau durch Krieg, Verarmung, Zusammenbruch und den nackten Existenzkampf in einen viel beengteren Lebensraum zurückgedrängt worden, in den Kreis der engsten Familie und der dringlichsten Existenzsorgen. Die amerikanische Frau ist immer noch relativ frei, sich einen weiteren Lebenskreis zu suchen. Wie lange sie diese beneidenswerte Stellung halten wird, weiß niemand. Aber ihre besondere Situation hat eine Bedeutung, die weit über die sichtbare wirtschaftlich, national oder durch ihr Geschlecht bedingte Begrenzung hinausgeht.

Denn das Problem der Vielfältigkeit des Lebens gilt nicht nur für die amerikanische Frau, sondern auch für den amerikanischen Mann. Und es betrifft nicht nur den Amerikaner allein, sondern die gesamte moderne Zivilisation; denn der amerikanische Lebensstil wird heute von einem großen Teil der übrigen Welt als der ideale angesehen. Und schließlich beschränkt sich dieses Problem nicht auf unsere derzeitige Zivilisation, obgleich es jetzt übermäßig deutlich vor uns steht. Es war immer eine der Gefahrenklippen in der Geschichte der Menschheit. Schon im dritten Jahrhundert warnte Plotin vor den Gefahren der Vielheit. Dennoch ist dieses Problem im eigentlichsten und besonderen ein Problem der Frau. Zersplitterung ist, war und wird wohl immer ein Grundzug im Leben der Frau sein.

Denn eine Frau zu sein bedeutet, daß die Interessen und Pflichten wie die Speichen von einer Radnabe vom Muttertrieb in alle Richtungen ausgehen. Unser Lebensmuster entspricht im Grunde einem Kreis. Wir müssen nach allen Himmelsrichtungen hin offen sein –

Mann, Kinder, Freunde, Heim, Gemeinde – und jeden Lufthauch, jeden Anruf, der auf uns zukommt, wie ein ungeschütztes, ausgespanntes Spinnweb registrieren. Wie schwierig ist es da für uns, inmitten all dieser widerspruchsvollen Spannungen das Gleichgewicht zu halten, und doch wie notwendig, damit unsere Lebensfunktionen stimmen. Wie wichtig und wie schwer zu erreichen ist jene Stetigkeit, die uns alle Regeln für ein heiligmäßiges Leben predigen. Wie erstrebenswert und wie fern ist das Idealbild des kontemplativen Menschen, ob Künstler oder Heiliger – die tiefe Unverletzlichkeit des Kerns, die Ein-Sicht.

Ich begreife allmählich, mit einem wehmütigen Lächeln, weshalb die Heiligen selten verheiratete Frauen waren. Ich bin überzeugt, daß das nicht, wie ich früher glaubte, mit der Unberührtheit oder den Kindern zusammenhängt. Es hängt vor allem mit der Zersplitterung zusammen. Mit dem Gebären, Aufziehen, Nähren und Erziehen von Kindern; dem Haushalt mit seinen tausend Anforderungen; den menschlichen Bindungen mit ihren unzähligen Belastungen – die üblichen Beschäftigungen einer Frau stehen für gewöhnlich im Gegensatz zum schöpferischen Leben, zum kontemplativen Leben oder zum Leben der Heiligen. Das Problem heißt nicht nur *Frau und Beruf, Frau und Familie, Frau und Unabhängigkeit*. Es geht viel tiefer: Wie bleibe ich inmitten der Zerstreuungen des Lebens gesammelt? Wie halte ich das Gleichgewicht trotz der Zentrifugalkraft, die mich aus meinem Mittelpunkt zu reißen versucht? Wie bleibe ich stark, den Stößen zum Trotz, die mich erschüttern und die Nabe meines Rades verletzen können?

Wie lautet die Antwort? Es gibt keine einfache, keine endgültige Antwort. Ich habe nur Anhaltspunkte, Muscheln, aus dem Meer. Die reine Schönheit der Wellhornschnecke sagt mir, daß es eine Lösung und vielleicht ein erster Schritt hierzu wäre, das Leben zu vereinfachen und die Zerstreuung einzuschränken. Aber wie? Ein völliges Sichzurückziehen ist nicht möglich. Ich kann meine Pflichten nicht abschütteln. Ich kann nicht ständig auf einer einsamen Insel wohnen. Ich kann nicht mitten in meiner Familie als Nonne leben. Ich will es auch gar nicht. Für mich liegt die Lösung sicherlich weder darin, daß ich dem Leben völlig entsage, noch darin, daß ich es völlig bejahe. Ich muß irgendwie einen Ausgleich finden oder einen Rhythmus, der zwischen diesen beiden Extremen abwechselt. Das Pendel muß zwischen Einsamkeit und Gemeinsamkeit, zwischen Einkehr und Rückkehr schwingen. Vielleicht sammle ich in den Perioden meiner Einkehr Erkenntnisse, die ich in mein alltägliches Leben zurückbringen kann. In diesen zwei Wochen kann ich mich zumindest um die Vereinfachung des äußeren Lebens bemühen. Das wäre ein Anfang. Ich kann diesen oberflächlichen Hinweis befolgen und sehen, wohin er führt. Hier, in meinem Strandleben, kann ich den Versuch machen.

Das erste, was man bei diesem Strandleben lernt, ist die Kunst des Einschränkens; man lernt, wie wenig man braucht, nicht wie viel. Zunächst ist es eine materielle Einschränkung, die dann geheimnisvoll auf andere Gebiete übergreift. Zuerst die Kleider. Natürlich braucht man in der Sonne weniger. Aber man entdeckt plötzlich, daß man überhaupt weniger braucht. Man braucht nicht einen Schrank voller Kleider, sondern nur einen kleinen Koffer voll. Und welche Erleichterung ist das! Weniger Änderungen, weniger Flickarbeiten und – das ist das schönste – weniger Sorgen, was man anziehen soll. Man stellt fest, daß man sich nicht nur die Kleider, sondern auch der Eitelkeit entledigt.

Dann kommt die Behausung. Man braucht keine luftdichten Behausungen, wie man sie im Winter benötigt. Hier lebe ich in der kahlen Meermuschel eines Häuschens. Keine Heizung, kein Telefon, keine nennenswerte Installation, kein warmes Wasser, nur ein Ofen, keine technischen Wunder, die man warten muß. Keine Teppiche. Es gab welche, aber ich habe sie am ersten Tag zusammengerollt; man kehrt den Sand leichter von den nackten Dielen. Aber ich entdeckte, daß ich hier überhaupt nicht überflüssigerweise kehre und saubermache. Der Staub stört mich nicht mehr. Ich habe meine puritanischen Begriffe von absoluter Ordnung und Sauberkeit abgelegt. Kann es sein, daß auch das eine materielle Belastung ist, die wir mit uns herumschleppen? Keine Vorhänge. Ich brauche sie nicht als Schutz gegen die Außenwelt; dazu genügen die Pinien, die mein Häuschen umgeben. Ich will, daß die Fenster immer offen sind, und ich will mich nicht um den Regen kümmern. Ich verliere allmählich meine Marthaähnliche Besorgtheit um so viele Dinge. Die waschbaren Möbelbezüge, alt und verblichen – ich bemerke sie kaum noch. Es ist mir gleichgültig, welchen Eindruck sie auf andere Menschen machen. Ich lege meinen Stolz ab. So wenig Möbel wie möglich; ich werde nicht viele brauchen. Ich werde nur solche Freunde in meine Muschel bitten, zu denen ich vollkommen offen sein kann. Ich stelle fest, daß ich die Heuchelei in meinen menschlichen Beziehungen ablege. Wie ausruhend das sein wird! Ich habe entdeckt, daß das Anstrengendste im Leben die Unaufrichtigkeit ist. Ihretwegen strengt uns das gesellschaftliche Leben so an; man trägt eine Maske. Ich habe meine Maske abgelegt. Ich lebe sehr glücklich ohne jene Dinge, die ich im Winter im Norden für notwendig erachte. Und während ich diese Zeilen schreibe, erinnere ich mich – und ich erschrecke dabei über die Diskrepanz unserer Lebensschicksale – an eine ähnliche Feststellung, die ein Freund von mir in Frankreich gemacht hat, der drei Jahre in einem deutschen Gefangenenlager verbrachte. Natürlich, sagte er und rückte damit seine Behauptung ins rechte Licht, man bekam nicht genug zu essen, man wurde manchmal brutal behandelt, hatte nur wenig Bewegungsfreiheit. Und trotzdem lehrte ihn das Gefangenenleben, mit wie wenig man auskommt und welch außerordentliche geistige Freiheit und welchen Frieden ein solch einfaches Leben geben kann. Es ist eine seltsame Ironie, wenn mir dabei wieder einfällt, daß in Amerika heute mehr Menschen als in irgendeinem anderen Land der Erde das Privileg besitzen, zwischen einem einfachen und einem komplizierten Leben zu wählen. Und die meisten von uns, die wir Einfachheit wählen könnten, wählen die Komplikation. Krieg, Gefangenschaft, Überleben zwingen dem Menschen Einfachheit auf. Der Mönch und die Nonne wählen sie freiwillig. Findet man sie aber, wie ich für diese wenigen Tage zufällig, dann findet man auch die heitere Gelassenheit, die sie uns schenkt.

Man könnte fragen, ob dieses Leben nicht recht häßlich sei. Man sammelt materiellen Besitz ja nicht nur aus Sicherheitsgründen, zur Bequemlichkeit oder aus Eitelkeit, sondern um der Schönheit willen. Ist dieses Muschelhaus nicht häßlich und kahl? Nein, mein Haus ist schön. Natürlich ist es kahl, aber seine Kahlheit wird vom Wind, von der Sonne, vom Duft der Pinien durchspült. Die rohen Dachsparren sind von Spinnweben verschleiert. Wie hübsch sie sind, denke ich und sehe sie mit anderen Augen; sie mildern die harten Umrisse der Balken, wie graues Haar die Züge eines alternden Gesichtes mildert. Ich zupfe mir keine grauen Haare mehr aus und fege auch nicht mehr die Spinnweben herunter. Was die Wände anbelangt, so sahen sie zuerst wirklich abstoßend aus. Ich fühlte mich vor ihren ausdruckslosen Mienen eingeengt und bedrückt. Ich wollte Löcher hineinschlagen, ihnen durch Bilder oder Fenster andere Proportionen geben. Und ich schleppte silbriges Treibholz, das der Wind und der Sand seidenweich geglättet hatten, vom Strand mit nach Hause. Ich sammelte die grünen Ranken des wilden Weines, dessen rötlich-gefleckte Blätter sich sanft kräuselten. Ich holte mir die gebleichten Skelette der Tritonenmuscheln, deren seltsame, ausgehöhlte Formen mich ein wenig an abstrakte Plastiken erinnerten. Nun schmücken diese Dinge meine Wände und stehen in den Ecken meines Zimmers, und das befriedigt mich. Ich habe ein Periskop, das mich mit der Außenwelt verbindet. Ich habe ein Fenster, einen Blick, einen Fluchtweg aus meiner Schreibtischeinsamkeit.

Ich bin zufrieden. Ich setze mich an meinen Arbeitstisch, einen nackten Küchentisch mit einer Löschunterlage, einer Tintenflasche, einem Kiesel als Briefbeschwerer, einer Austernschale als Federdose, einer rosa gezahnten Muschelhälfte, um damit zu spielen, und einer säuberlichen Reihe von Muscheln, die meine Gedanken anregen sollen.

Ich liebe mein Muschelhaus. Ich wollte, ich könnte immer darin wohnen. Ich wollte, ich könnte es mit nach Hause nehmen. Aber das geht nicht. Es ist zu klein für einen Mann und fünf Kinder und das ganze Drum und Dran des Alltags. Ich kann nur meine kleine Wellhornschnecke mitnehmen. Sie wird auf meinem Schreibtisch in Connecticut liegen und mich an das Ideal eines vereinfachten Lebens erinnern, mich ermutigen, das Spiel, das ich am Strand gespielt habe, weiterzuspielen. Sie wird mich ermutigen zu fragen, mit wie wenig, nicht mit wie viel ich auskommen kann. Und »Ist das notwendig?« zu sagen, wenn ich versucht bin, meinem Leben noch eine Bürde aufzupacken, wenn mir der Sog einer weiteren zentrifugalen Tätigkeit droht.

Die Vereinfachung des äußeren Lebens genügt nicht. Sie berührt nur die Außenseite. Aber ich beginne mit der Außenseite. Ich betrachte das Äußere einer Muschel, die äußere

Hülle meines Lebens – die Muschel. Die erschöpfende Antwort kann nicht im Äußeren gefunden werden, nicht in der sichtbaren Lebensform. Das ist nur eine Technik, ein Weg zur Gnade. Die endgültige Antwort, das weiß ich, wird immer im Innern gefunden. Aber das Äußere kann einen Hinweis geben, kann uns helfen, die innere Antwort zu finden. Auch wir haben, wie der Einsiedlerkrebs, die Freiheit, unsere Muschel zu wechseln.

Wellhornschnecke, ich lege dich wieder hin. Aber du hast meinen Geist auf die Reise geschickt, auf eine in meinem Inneren aufwärtssteigende Wendeltreppe, deren Stufen die Gedanken sind.

III

MONDMUSCHEL

Das ist ein Schneckenhaus, rund, kräftig und glänzend, wie eine Kastanie. Wohlig und fest schmiegt es sich in meine Handfläche wie ein Kätzchen. Milchig und undurchsichtig, von rosigem Glanz überhaucht, gleicht es einem Sommerhimmel, an dem sich der Regen sammelt. Exakt, wie mit dem Silberstift gezogen, zeichnet sich auf der glatten, symmetrischen Außenseite eine vollkommene Spirale ab, die sich drinnen zum nadeldünnen Mittelpunkt der Muschel windet, zu dem winzigen, dunklen Kern der Spitze, der Pupille ihres Auges. Es starrt mich an, dieses geheimnisvolle Einauge – und ich starre es an.

Jetzt ist es der Mond, allein am Himmel, voll und rund, machtvoll geschwellt, dann wieder das Auge einer Katze, die zur Nachtzeit geräuschlos durch hohe Gräser streicht, nun eine Insel, einsam, selbstgenügsam und heiter mitten in endlos sich weitenden Wellenkreisen.

Wie wunderbar sind Inseln! Inseln im Unendlichen wie diese, auf die ich mich zurückgezogen habe, Inseln von unabsehbarem Wasser umschlossen, ohne verbindende Brücken, Kabel oder Telefone. Eine Insel fernab der Welt und ihrem Getriebe. Inseln inmitten der Zeit wie meine kurzen Ferien. Vergangenheit und Zukunft sind abgeschnitten: nur die Gegenwart bleibt. Das Dasein im Jetzt verleiht dem Inselleben äußerste Intensität und Reinheit. Wie ein Kind oder ein Heiliger lebt man in der Unmittelbarkeit des Hier und Heute. Jeder Tag, jede Handlung ist eine Insel, von Zeit und Raum umspült und in sich geschlossen wie eine Insel. Auch die Menschen werden in dieser Atmosphäre zu Inseln, in sich gestillt, unversehrt und heiter-gelassen. Sie achten die Einsamkeit des anderen, dringen nicht an seine Küsten, machen ehrfürchtig halt vor dem Wunder eines anderen Individuums. »Kein Mensch ist eine Insel«, hat John Donne gesagt.

Ich glaube, daß wir alle Inseln sind – in einem gemeinsamen Meer.

Wir sind im Letzten alle allein. Und diesen Ur-Zustand der Einsamkeit zu ändern, liegt nicht in unserem Belieben. Er ist, wie Rainer Maria Rilke sagt, »nichts, was man wählen oder lassen kann. Wir sind einsam. Man kann sich darüber täuschen und tun, als wäre es nicht so. Das ist alles. Wieviel besser ist es aber, einzusehen, daß wir es sind, ja geradezu, davon auszugehen. Da wird es freilich geschehen«, fährt er fort, »daß wir schwindeln.«

Natürlich. Wie ungern denkt man daran, daß man einsam ist! Wie weicht man dem aus! Ablehnung und Unbeliebtheit scheinen darin zu liegen. Dem Wort haftet ein jugendlicher Mauerblümchen-Komplex an. Man fürchtet, verlassen auf dem Stuhl an der Wand zu sitzen, während die erfolgreichen Mädchen schon geholt worden sind und sich mit ihren verlegenen Tänzern auf dem Parkett drehen. Wir scheinen heute solche Angst vor dem Alleinsein zu haben, daß wir es nie dazu kommen lassen. Selbst wenn die Familie, die

Freunde und das Kino versagen, bleiben uns immer noch das Radio und das Fernsehen, um die Leere zu füllen. Frauen, die sich über Einsamkeit beklagten, brauchen jetzt nie mehr einsam zu sein. Wir können unsere Hausarbeit in Begleitung schmachtender Schlagersänger machen. Selbst in den Tag zu träumen war schöpferischer als dies; es forderte einem etwas ab und gab dem Innenleben Nahrung. Heute bepflanzen wir unsere leeren Beete nicht mehr mit unseren eigenen Traumblumen, sondern überschwemmen sie mit pausenloser Musik und Geschwätz, einer Begleitung, der wir nicht einmal zuhören. Sie dient einzig dazu, das Vakuum zu füllen. Wenn der Lärm aufhört, tritt keine innere Musik an seine Stelle. Wir müssen das Alleinsein erst wieder lernen.

Das ist heute eine schwierige Lektion – seine Freunde und seine Familie zu verlassen, um sich vorsätzlich eine Stunde, einen Tag oder eine Woche lang in der Kunst des Alleinseins zu üben. Am schwersten fällt mir die Trennung; Abschiednehmen ist immer schmerzlich, selbst wenn es nur für kurze Zeit ist. Ich empfinde es wie eine Amputation. Ein Glied wird ausgerissen, ohne das ich nicht leben kann. Und dennoch, ist es einmal geschehn, entdecke ich in der Einsamkeit etwas unglaublich Kostbares. Das Leben flutet reicher, intensiver, voller in die Leere zurück. Es ist, als habe man durch die Trennung wirklich einen Arm verloren. Und dann wächst, wie beim Seestern, ein neuer nach, man ist wieder ganz vollkommen und abgerundet – sogar mehr als zuvor, da die anderen Menschen doch nur Teile von uns besaßen.

Einen ganzen Tag und zwei Nächte lang war ich allein. Nachts am Strand lag ich unter dem Sternenhimmel allein. Ich bereitete mein Frühstück allein. Allein sah ich dem Flug der Möven zu, wie sie an der Spitze der Mole niederschossen, kreisten und nach den Brocken tauchten, die ich ihnen zuwarf. Ein arbeitsamer Morgen am Schreibtisch – und dann ein spätes Picknick, allein am Strand. Und mir war, als sei ich von meiner eigenen Art abgetrennt, den anderen näher verbunden: der scheuen Bekassine, die hinter mir im angeschwemmten Tang nistete; dem Strandläufer, der unbeirrt und eilig vor mir über den glänzenden Sandstreifen trippelte; den Pelikanen, die mit bedächtigem Flügelschlag über meinem Kopf vor dem Wind segelten; der alten Möve, die griesgrämig dahockte und den Horizont beobachtete. Ich fühlte mich ihnen auf eine unpersönliche Weise verbunden und freute mich dieser Verbundenheit. Ich vermochte die Schönheit von Erde, Meer und Himmel tiefer zu empfinden. Ich war in Einklang mit ihr, ich verschmolz mit dem Universum, verlor mich darin, wie man sich in einem Lobgesang auflöst, der aus einer anonymen Menge in einer Kathedrale emporsteigt. »Lobet den Herrn – ihr Fische des Meeres – ihr Vögel unter dem Himmel – ihr Menschenkinder – lobet den Herrn!«

Ja, ich fühlte mich auch meinen Mitmenschen näher, sogar in meiner Einsamkeit. Denn es ist nicht die körperliche Einsamkeit, die uns von den anderen Menschen trennt, nicht die körperliche, sondern die seelische Isoliertheit.

Nicht die einsame Insel, noch die steinige Wüste trennt uns ab von denen, die wir lieben. Es ist die Wüste in unserer Seele, das Brachland in unseren Herzen, durch das wir fremd und verloren streifen. Ist man sich selber fremd, dann ist man auch den anderen entfremdet. Ohne Zugang zum eigenen Ich kann man auch keinen Zugang zu anderen finden. Wie oft habe ich in der großen Stadt einem Freund die Hand gegeben und die Wüste gespürt, die ihn von mir trennte. Beide wanderten wir über verbrannte Steppen und hatten den Weg zu den Quellen verloren, die uns nährten – oder hatten sie versiegt gefunden. Langsam begreife ich, daß man nur durch die Verbundenheit mit dem eigenen Wesenskern den anderen verbunden ist. Und ich bin der Meinung, daß man das eigene Ich, die innere Quelle, am besten in der Einsamkeit wiederfindet.

Ich ging weit den Strand entlang, vom weichen Rhythmus der Wellen getragen, die Sonne auf meinem nackten Rücken und auf meinen Beinen, den Wind und den salzigen

Sprühregen des Gischtes im Haar. In die Wellen und wieder zurück wie der Strandläufer. Und dann nach Hause, durchnäßt, betäubt, taumelnd und bis zum Rand mit der Einsamkeit des Tages angefüllt; voll wie der Mond, ehe die Nacht von seinem Glanz gekostet hat; voll wie ein Becher, ehe die Lippen ihn berühren. Es gibt ein Gefühl der Fülle, der der Psalmist Ausdruck verlieh: »Mein Becher läuft über.« Laß niemanden kommen – bete ich plötzlich voll Angst – ich könnte mich verströmen!

Ist es nicht das, was jede Frau empfindet: das Bedürfnis, sich unentwegt zu verströmen? Der ganze Instinkt der Frau – der ewigen Nährmutter der Kinder, der Menschen, der Gemeinschaft – verlangt, daß sie sich ausgibt. Ihre Zeit, ihr Wille, ihre schöpferische Kraft fließen, wenn irgend möglich, in diese Kanäle. Nach überlieferter Lehre und aus instinktivem Bedürfnis geben wir dort, wo wir gebraucht werden – und ohne zu zögern. Seit Urzeiten verströmt sich die Frau in vielfältigen Rinnsalen an die Durstigen und nur selten hat sie die Zeit, die Ruhe und den inneren Frieden, den Krug wieder bis zum Rand aufzufüllen.

Aber weshalb nicht, könnte man fragen? Was ist falsch daran, wenn eine Frau sich verausgabt, da sie ihrer Natur nach doch eine Gebende ist? Weshalb habe ich, die ich von meinem vollkommenen Tag am Strand zurückkomme, solche Angst, meinen Schatz zu verlieren? Das hängt nicht nur mit meinem Künstlertum zusammen. Der Künstler wird sich natürlich niemals gern in kleinen Mengen verausgaben. Er muß für den vollen Krug sammeln. Nein, auch die Frau in mir ist plötzlich so geizig.

Hier liegt ein seltsamer Widerspruch vor. Instinktiv möchte die Frau geben, doch sie will sich nicht in kleiner Münze verausgaben. Ist das ein grundlegender Widerstreit? Oder ist es die übermäßige Vereinfachung eines vielschichtigen Problems? Ich glaube, die Frau wehrt sich weniger gegen das stück-weise Verausgaben als gegen das sinnlose Verausgaben. Wir fürchten nicht so sehr, daß unsere Energie durch kleine Lecke entweichen könnte, als daß sie »durch den Abfluß« geht. Wir sehen die Resultate unseres Gebens nicht so deutlich, wie sie der Mann bei seiner Arbeit sieht. In der Hausarbeit gibt es keine Gehaltserhöhung vom Chef, und nur selten zeigt uns das Lob der anderen, daß wir das Soll erreicht haben. Man hält sehr oft das Kinderkriegen für die einzige schöpferische Leistung der Frau, ihre übrigen Hervorbringungen aber sind gerade heute meist dem Blick verborgen. Unsere Arbeit besteht darin, die tausendfältigen, schier unvereinbaren Einzelheiten des Haushalts, des täglichen Familienlebens und der gesellschaftlichen Verpflichtungen in eine harmonische Form zu bringen. Es ist eine Art verwickeltes Puzzle mit unsichtbaren Teilen, womit sich unsere Finger beschäftigen. Wie können wir auf diesen ewigen Wirrwarr von Hausarbeit, Besorgungen und bruchstückhaften menschlichen Beziehungen als auf eine Schöpfung hinweisen? Es fällt sogar schwer, ihn als eine sinnvolle Tätigkeit anzusehen, denn vieles geschieht rein automatisch. Die Frau fühlt sich allmählich wie ein Klappenschrank oder ein Waschautomat.

Sinnvolles Geben zehrt weit weniger am Lebensnerv, denn es gehört zu den natürlichen Formen des Gebens, bei denen sich die Kräfte im gleichen Maß zu erneuern scheinen, in dem sie sich verzehren. Je mehr man gibt, desto mehr hat man zu geben – es ist wie mit der Milch in der Mutterbrust. In unserer früheren Kolonialzeit und neuerdings während der Kriegsjahre in Europa war die gebende Funktion der Frau, bei allen Schwierigkeiten, sinnvoll und unentbehrlich. Heute, mit unseren technischen Hilfsmitteln, fühlen sich viele Frauen kaum noch unentbehrlich, ob im primitiven Lebenskampf oder als tragende Mitte ihres Heimes. Nicht mehr vom Bewußtsein der Unentbehrlichkeit oder sinnvollen Daseinsberechtigung gespeist, hungern wir. Und da wir nicht wissen, wonach wir hungern, füllen wir die Leere mit den vielfältigen Zerstreuungen, die sich uns immer bieten – mit unnötigen Gängen, eingebildeten Verpflichtungen, gesellschaftlichem Getändel. Und das alles meist ohne tieferen Sinn. Plötzlich ist die Quelle versiegt; der Brunnen ist leer.

Natürlich kann man Hunger nicht nur mit dem Gefühl der Unentbehrlichkeit stillen. Auch ein sinnvolles Geben muß aus irgendeiner Lebensader gespeist werden. Der Körper, der die Muttermilch abgibt, muß Nahrung haben. Wenn es die Aufgabe der Frau ist zu geben, so muß sie auch wieder bekommen. Aber wie?

Alleinsein, sagt die Mondmuschel. Jeder Mensch, besonders aber jede Frau, sollte einmal im Jahr, einmal in der Woche, einmal am Tag allein sein. Wie revolutionär das klingt, und wie undurchführbar! Vielen Frauen scheint ein solches Vorhaben völlig unerreichbar. Sie besitzen kein eigenes Einkommen, das sie für ihre privaten Ferien ausgeben könnten; sie erübrigen von der wöchentlichen Sklaverei im Haushalt nicht die Zeit, die ihnen einen freien Tag ließe; sie haben nicht mehr die Kraft, nach dem täglichen Kochen, Putzen und Waschen auch nur eine Stunde Einsamkeit fruchtbar zu nutzen.

Ist es also nur ein wirtschaftliches Problem? Ich glaube das nicht. Jeder Lohnempfänger, ganz gleich auf welcher Stufe der wirtschaftlichen Leiter, erwartet einen freien Tag in der Woche und einen jährlichen Urlaub. Im großen und ganzen sind die Mütter und Hausfrauen die einzigen arbeitenden Menschen, die keine geregelte Freizeit haben. Sie sind die große Klasse der Ferienlosen. Sie beklagen sich sogar nur selten über diesen Mangel, da sie offenbar nicht überlegen, daß auch sie berechtigten Anspruch auf eine gewisse Freizeit haben.

Hierin liegt ein Schlüssel zu diesem Problem. Wenn die Frauen davon überzeugt wären, daß ein freier Tag oder eine stille Stunde ein vernünftiges Ziel ist, dann fänden sie auch einen Weg, es zu erreichen. So aber glauben sie, ihr Verlangen sei derart ungerechtfertigt, daß sie kaum einen Versuch unternehmen. Um zu begreifen, daß es sich nicht um ein ausschließlich wirtschaftliches Problem handelt, muß man sich nur jene Frauen betrachten, die tatsächlich die Mittel oder die

Zeit und die Kraft haben, um sich gelegentlich zurückzuziehen, und sie trotzdem nicht benützen. Es ist eher eine Frage der inneren Überzeugung als des äußeren Drucks, obwohl dieser äußere Druck natürlich besteht und erschwerend wirkt. Was die Suche nach dem Alleinsein angeht, so leben wir in einer abträglichen Atmosphäre, die so unsichtbar, so allgegenwärtig und so zermürbend ist wie die feuchte Hitze eines August-Nachmittages. Die Welt von heute versteht weder das Bedürfnis der Frau noch das Bedürfnis des Mannes, allein zu sein.

Wie unerklärlich uns das erscheint! Jede andere Entschuldigung wird eher entgegengenommen. Die Zeit, die wir uns für eine geschäftliche Verabredung, für den Friseur, für eine Einladung oder für Einkäufe nehmen, wird respektiert. Sagt man aber: ich kann nicht kommen, denn das ist die Stunde, die ich ganz für mich allein reserviert habe, dann gilt man für ungezogen, egoistisch oder als Sonderling. Was wirft es für ein Licht auf unsere Zivilisation, wenn das Bedürfnis nach Einsamkeit verdächtig erscheint; wenn man sich dafür entschuldigen, wenn man es verbergen muß wie ein geheimes Laster!

Tatsächlich sind es die wichtigsten Momente im Leben – in denen man allein ist. Bestimmte Quellen können wir nur erschließen, wenn wir allein sind. Der Künstler, der etwas hervorbringt; der Schriftsteller, der Gedanken Gestalt werden läßt; der Musiker, der komponiert; der Heilige, der betet – sie wissen, daß sie dazu allein sein müssen. Die Frau aber braucht die Einsamkeit, um ihre eigentliche Bestimmung wiederzufinden: jenen festen Faden, der das ganze Netz menschlicher Beziehungen zusammenhält. Sie muß jene innere Ruhe finden, die Charles Morgan beschreibt als »das Stillewerden der Seele innerhalb der Geschäftigkeit des Geistes und des Körpers, damit sie ruhig sei, wie die Achse eines kreisenden Rads ruhig ist«.

Ich glaube, dieses schöne Bild sollten die Frauen sich vor Augen halten. Dieses Ziel könnten wir erreichen – ruhende Achse zu sein im kreisenden Rad der Beziehungen, Verpflichtungen und Tätigkeiten. Einsamkeit allein ist noch nicht die Lösung; sie ist nur wie das »eigene Zimmer« eine technische Hilfe, ein Schritt weiter zu dem Platz, den die Frau in der Welt ausfüllen kann. Das Problem besteht nicht ausschließlich darin, das eigene Zimmer und die Zeit für sich zu finden, so schwierig und so notwendig das auch ist. Die Frage lautet vielmehr: wie bewahre ich meiner Seele inmitten des Getriebes die Ruhe, wie gebe ich ihr Nahrung?

Denn nicht die äußeren Umstände versagen; es ist die seelische Kraft der Frau, die versiegt. Äußerlich betrachtet hat die Frau während der letzten Generation nur gewonnen. In Amerika jedenfalls ist unser Leben – unter anderem dank der Frauenrechtlerinnen – leichter, freier und voll neuer Möglichkeiten. Das eigene Zimmer, die Stunde der Besinnung sind jetzt für einen weiteren Kreis erreichbar als je zuvor. Aber diese schwer erkämpften Privilegien genügen nicht, weil wir noch nicht gelernt haben, wie wir sie nützen können. Die Frauenrechtlerinnen sahen nicht so weit voraus; sie haben keine Gebrauchsanweisung gegeben. Ihnen genügte es, die Privilegien zu fordern. Die Nutzbarmachung war, wie bei jeder Pionierarbeit, den Frauen überlassen, die sich der Bewegung anschlossen. Und die Frau von heute sucht immer noch. Wir wissen um unseren Hunger und unsere Bedürfnisse, aber wir wissen immer noch nicht, womit wir sie stillen sollen. Wir neigen eher dazu, in der gewonnenen Freizeit unsere schöpferischen Quellen zu leeren, als sie wieder aufzufüllen. Wir versuchen manchmal, ein Feld zu bewässern und nicht einen Garten. Blindlings stürzen wir uns in Vereinstätigkeit und in den Kampf für eine »Sache«. Da wir nicht wissen, wie wir die Seele nähren sollen, versuchen wir, ihr Verlangen durch Zerstreuungen zu beschwichtigen. Statt das Zentrum, die Achse des Rades, zum Stillstand zu bringen, fügen wir unserem Leben noch mehr zentrifugale Tätigkeiten hinzu, die uns aus dem Gleichgewicht bringen können.

In der letzten Generation haben wir materiell viel gewonnen, aber seelisch sind wir, glaube ich, ärmer geworden, ohne es zu wissen. Früher besaßen die Frauen, ob sie es wußten oder nicht, in ihrem Dasein mehr zentrierende Kräfte, Quellen, aus denen sie bewußt oder unbewußt gespeist wurden. Allein die Tatsache ihrer weitgehenden häuslichen Abgeschlossenheit gab ihnen das notwendige Alleinsein. Viele ihrer Aufgaben trugen dazu bei, daß sie sich innerlich sammeln mußten. Sie hatten mehr schöpferische Arbeiten zu verrichten. Nichts speist die Mitte so sehr wie schöpferische Arbeit, auch wenn es bescheidene Tätigkeiten sind wie Nähen oder Kochen. Brotbacken, Weben, Einmachen, Kinder unterrichten und ihnen vorsingen, muß viel kraftspendender gewesen sein als den Familienchauffeur zu machen, in Selbstbedienungsläden die Konserven einzukaufen oder die Hausarbeit mit technischen Hilfsmitteln zu verrichten. Das Schöpferische und Handwerkliche sind aus der Haushaltführung weitgehend verschwunden, die zeitraubende Plackerei ist, obwohl die moderne Reklame das Gegenteil behauptet, geblieben. Im Haushalt wie im übrigen Leben hat sich die Technisierung wie ein Vorhang zwischen Geist und Hand gesenkt.

Auch die Kirche ist immer eine zentrierende Kraft im Leben der Frau gewesen. Jahrhundertelang gehörte den Frauen diese ruhige ungestörte Stunde, in der sie sich sammelten. Kein Wunder, daß die Frau eine wesentliche Säule der Kirche war. Hier genoß sie mit der Billigung der Familie und der Allgemeinheit die Vorteile eines eigenen Raumes und einer Stunde der Besinnung, die Ruhe und den Frieden – alles in einem. Hier konnte keiner einbrechen mit dem rücksichtslosen Ruf: »Mutter«, »Frau«, »Herrin«. Hier war die Frau endlich und im tiefsten auf sich zurückgezogen und nicht in tausend Funktionen aufgesplittert. Sie konnte sich in dieser Stunde völlig der Andacht, dem Gebet, dem Abendmahl hingeben und vollkommene Bestätigung finden. Und in dieser Hingabe und Bestätigung erneuerte sie sich; die Quellen bekamen Nahrung.

Noch immer ist die Kirche ein machtvoller Mittelpunkt, in welchem sich Männer und Frauen sammeln, und wir brauchen sie notwendiger als je zuvor – wie die zunehmende Menge der Gläubigen beweist. Aber sind jene, die da in die Kirche gehen, ebenso bereit, sich ihr zu öffnen oder ihre Botschaft zu empfangen, wie das früher der Fall war? Unser Alltag bereitet uns nicht auf die Kontemplation vor. Wie kann die eine Stunde der Woche, die wir in der Kirche verbringen, mag sie auch eine noch so große Hilfe sein, den vielen Alltagsstunden entgegenwirken, die uns zerstreuen? Hätten wir zu Hause unsere kontemplative Stunde, dann könnten wir uns in der Kirche leichter der Einkehr widmen und empfingen eine tiefergehende Erneuerung. Denn das Bedürfnis nach Erneuerung besteht noch immer. Der Wunsch nach vollkommener Bestätigung, der Wunsch, als Individuum gewertet zu werden und nicht als Sammelbegriff verschiedener Funktionen, der Wunsch nach völliger und sinnvoller Hingabe verfolgt uns unablässig und trägt mit dazu bei, daß wir uns in immer neue Zerstreuungen, illusorische Liebesabenteuer oder in den rettenden Hafen der Krankenhäuser und Sprechzimmer flüchten.

Die Lösung liegt nicht darin, daß wir umkehren und die Frau ins Haus verbannen und ihr wieder den Besen und die Nadel in die Hand drücken. Eine Reihe technischer Hilfsmittel sparen uns Zeit und Kraft. Die Lösung liegt aber auch nicht darin, daß wir unsere Zeit und unsere Kraft in noch sinnloseren Beschäftigungen vergeuden, noch mehr Dinge ansammeln, die angeblich unser Leben vereinfachen, es in Wirklichkeit aber nur belasten, noch mehr Besitz erwerben, den wir aus Zeitmangel weder nutzen noch genießen können, und die Leere mit weiteren Zerstreuungen zu füllen versuchen.

Mit anderen Worten: die Lösung besteht nicht in der fieberhaften Jagd nach zentrifugalen Betätigungen, die schließlich nur zur Zersplitterung führen. Das Leben der modernen Frau tendiert immer mehr zu jenem Zustand, den William James so treffend mit dem deutschen Wort »Zerrissenheit« bezeichnet. Sie kann nicht in ewiger »Zerrissenheit« leben. Sie wird in tausend Stücke zerspringen. Sie muß im Gegenteil bewußt jene Bemühungen unterstützen, die den zentrifugalen Kräften der heutigen Zeit Widerpart bieten: die Bemühungen um ruhige, besinnliche Stunden allein, Gebet, Musik, systematisches Denken, Lesen oder Studieren. Jedes schöpferische Leben, ob physischer, intellektueller oder künstlerischer Natur, das den eigenen Bedürfnissen entspringt, ist dazu angetan. Es muß weder eine anspruchsvolle Aufgabe noch ein bedeutendes Werk sein. Aber es sollte von einem selbst sein. Das Arrangieren von Blumen in einer Vase am Morgen vermag an einem überfüllten Tag das gleiche Gefühl innerer Ruhe zu geben wie das Niederschreiben eines Gedichts oder ein Gebet. Wichtig ist nur, daß man für eine Weile nach innen horcht.

Alleinsein, sagt die Mondmuschel. Den Mittelpunkt finden, sagen die Quäker. Der Weg zum Ich führt nach innen, sagt Plotin. Die Zelle der Selbsterkenntnis ist der Stall, in dem der Pilger seine Wiedergeburt erleben muß, sagt die hl. Katharina von Siena. Stimmen aus der Vergangenheit. Eigentlich sind es Richtlinien und Tugenden der Vergangenheit. Aber heute werden diese Ziele auf andere Weise verfolgt, bewußt, wach, mit offenen Augen. Nicht so wie früher, als sie ein Teil des Lebensstils waren. Nicht, weil alle anderen es auch täten; fast keiner tut es. In Wirklichkeit ist es heute etwas Revolutionäres; denn jede Tendenz, jeder Druck und jede Stimme der Außenwelt sind gegen diese neue Art der Verinnerlichung gerichtet.

Die Frau muß auf dieser Suche nach der Kraft in uns den ersten Schritt tun. In gewissem Sinn war sie immer ein Pionier. Noch bis zur letzten Generation in den Möglichkeiten, sich in äußere Ablenkungen zu flüchten, beschränkt, war sie durch die gegebenen Grenzen ihres Daseins gezwungen, sich nach innen zu wenden. Und dieser Blick nach innen gab ihr die verborgene Kraft, die der Mann in seinem nach außen gerichteten aktiven Leben nur selten fand. Aber bei unseren jüngsten Anstrengungen, uns zu emanzipieren, unsere Gleichberechtigung zu beweisen, haben wir uns – vielleicht nur allzu begreiflicherweise – dazu verleiten lassen, den Wettkampf mit dem

Mann im Alltagsleben auf Kosten unserer eigensten Lebenskräfte aufzunehmen. Warum ließen wir uns dazu verführen, die zeitlose innere Kraft der Frau aufzugeben um der zeitweiligen äußeren Kraft des Mannes willen? Diese äußerliche männliche Kraft ist wichtig im Gesamtbild unserer Zeit, aber selbst hier scheint heute die Vorherrschaft der rein äußerlichen Kraft und der rein äußerlichen Lösungen zu schwinden. Auch die Männer werden gezwungen, nach innen zu sehen – neben den äußerlichen Lösungen die inneren zu finden. Vielleicht beweist diese Veränderung, daß der moderne extravertierte, aktive, materialistische westliche Mensch einen höheren Grad der Reife erreicht. Sollte er allmählich begreifen, daß wir das Himmelreich in uns tragen?

Mondmuschel, wer gab dir deinen Namen? Fast glaube ich, es war eine intuitive Frau. Ich gebe dir noch einen anderen Namen: Insel-Muschel. Ich kann nicht ewig auf meiner Insel leben. Aber ich kann dich mitnehmen zu meinem Schreibtisch in Connecticut. Dort wirst du liegen und dein Einauge auf mich richten.

Deine sanften Windungen, die sich in deinem Gehäuse zur winzigen Spitze emporschrauben, werden mich an die Insel denken lassen, auf der ich ein paar kurze Wochen lang gelebt habe. »Alleinsein« wirst du mir zurufen. Du wirst mich daran erinnern, daß ich versuchen muß, einen Teil des Jahres allein zu sein, wenn auch nur für eine Woche, für ein paar Tage; und für einen Teil des Tages, wenn auch nur eine Stunde oder wenige Minuten, damit meine Mitte intakt bleibt, mein Wesenskern, das Inselhafte in mir. Du wirst mich daran erinnern, daß ich meinem Mann, meinen Kindern, meinen Freunden und der übrigen Umwelt wenig geben kann, wenn ich das Inselhafte nicht irgendwie in mir erhalte. Du wirst mich daran erinnern, daß die Frau innerhalb des Getriebes ihrer Pflichten so ruhig sein muß wie die Nabe eines Rades; daß sie der Vorkämpfer für diese Ruhe sein muß, nicht nur um ihrer eigenen Rettung willen, sondern um die Familie, die menschliche Gesellschaft, ja vielleicht sogar unsere Zivilisation zu retten.

IV

ZWEIFACHER SONNENAUFGANG

Diese Muschel ist ein Geschenk; nicht ich habe sie gefunden. Ein Freund gab sie mir. An diesem Strand kommt sie nur selten vor. Nicht oft findet man eine so vollkommene zweifache Sonnenaufgangs-Muschel. Beide Hälften dieser zarten, zweischaligen Muschel fügen sich genau zusammen; jede hat, wie der Flügel eines Schmetterlings, die gleiche Zeichnung. Bis auf die drei rosigen Strahlen, die von dem goldenen Scharnier, welches die beiden Teile verbindet, fächerförmig ausgehen, ist sie durchscheinend weiß. Ich halte einen zweifachen Sonnenaufgang zwischen Daumen und Zeigefinger. Glatte, makellose Muschel, wie konntest du die Brecher auf dem Strand überstehen?

Sie ist sehr selten; trotzdem hat man sie mir gern geschenkt. So sind die Menschen hier. Ein Fremder lächelt dir am Strand zu, kommt zu dir und schenkt dir ohne Grund eine Muschel. Dann geht er wieder, er stört dich nicht. Man verlangt keine Gegenleistung, keine Verpflichtung, keine Bekanntschaft. Es war ein Geschenk, freimütig gegeben, freimütig genommen, auf der Basis gegenseitigen Vertrauens. Die Menschen hier lächeln dir zu wie Kinder, ohne Furcht, zurückgewiesen zu werden, überzeugt, daß man auch ihnen zulächelt. Und man lächelt zurück, da man weiß, daß es unverbindlich ist. Das Lächeln und die Verbindung, die es herstellt, schweben frei im Raum, in der Unmittelbarkeit und Reinheit des Augenblicks; sie hängen auf dem ruhenden Zeiger der Waage, die das Hier und Jetzt anzeigt, halten sich dort im Gleichgewicht wie die Möve, die vor dem Winde verharrt.

Die reine Beziehung, wie schön ist sie! Wie leicht kann sie zerstört oder durch Belangloses zu Boden gedrückt werden – nicht einmal so sehr durch Belangloses als durch das Leben selber, durch die Lawine aus Leben und Zeit. Denn der Beginn jeder Beziehung ist rein, ob es die Beziehung zu einem Freund, einem Geliebten, einem Mann oder einem Kind ist. Sie ist rein, einfach und unbeschwert. Sie gleicht der Vision des Künstlers, ehe er sie in eine Form zwingen muß, oder der Blüte einer Liebe, ehe sie zur fertigen, aber schweren Frucht der Verantwortung gereift ist. Im Anbeginn scheint jede Beziehung einfach zu sein. Die Einfachheit der ersten Liebe, der ersten Freundschaft, die Gemeinsamkeit der Sympathie scheint, in ihrer ursprünglichen Erscheinungsform, selbst wenn es sich nur um ein angeregtes Gespräch über einen Tisch hinweg handelt, eine in sich geschlossene Welt. Zwei Menschen, die einander zuhören, zwei Muscheln, die einander begegnen, bilden eine gemeinsame Welt. In der vollkommenen Einheit dieses Augenblickes gibt es keine anderen Menschen, Dinge oder Interessen. Er ist frei von Bindungen oder Ansprüchen, nicht belastet von Verantwortung, Sorge um die Zukunft oder Verpflichtung an die Vergangenheit.

Und wie rasch, wie unvermeidlich wird diese vollkommene Einheit gestört. Die Beziehung ändert sich, wird kompliziert, durch die Berührung mit der Welt belastet. Ich glaube, das gilt für die meisten Beziehungen zu Freunden, Ehegatten und Kindern. Aber dieser Wechsel der Form zeigt sich am deutlichsten in der Beziehung zwischen Mann und Frau, weil sie die tiefste und am schwierigsten zu bewahrende ist und weil wir fälschlicherweise glauben, die Unmöglichkeit, sie in ihrer ursprünglichen Form zu bewahren, sei eine Tragödie.

Zugegeben, die ursprüngliche Beziehung ist etwas sehr Wunderbares. Ihre in sich geschlossene Vollkommenheit besitzt etwas von der Frische eines Frühlingsmorgens. Man vergißt den nahenden Sommer über dem Wunsch, den Frühling einer ersten Liebe, in dem zwei Menschen sich als Einzelwesen ohne Vergangenheit und ohne Zukunft gegenüberstehen, zu verlängern. Man kehrt sich gegen jeden Wechsel, obgleich man weiß, daß der Wechsel natürlich ist und ein Teil des sich wandelnden Lebens. Das ekstatische Gefühl im Anfangsstadium einer Beziehung kann ebensowenig mit der gleichen Intensität dauern wie die als Parallelerscheinung auftretende körperliche Leidenschaft. Es wechselt auf eine andere Ebene, die man nicht fürchten, sondern begrüßen sollte, so wie man den Sommer nach dem Frühling begrüßt. Hinzu kommt aber noch eine Anhäufung toten Balasts, ein Firnis falscher Wertbegriffe, Gewohnheiten und Belastungen, die das Leben wie mit Mehltau überziehen. Das ist die erstickende Kruste, die im Leben wie in den menschlichen Beziehungen immer wieder entfernt werden muß.

Männer wie Frauen spüren diesen Wechsel in ihrer Beziehung und verzehren sich in Sehnsucht nach der Ursprünglichkeit des frühen Zustandes, während das Leben weitergeht und immer komplizierter wird. Denn während sich die Beziehung vertieft, werden der Mann und die Frau unerbittlich bis zu einem gewissen Grad wieder von ihren eigentlichen und besonderen Aufgaben in Anspruch genommen: der Mann von seiner Arbeit, die Frau von ihren überkommenen Pflichten in der Familie und im Haushalt. In beiden Fällen neigt der natürliche Aufgabenkreis dazu, die Stelle der rein persönlichen Beziehung, die alles andere absorbiert hatte, einzunehmen. Aber die Frau findet in gewissem Maß bei jedem neuen Kind etwas wieder, was zumindest in der Absorbiertheit jener frühen, reinen Beziehung ähnelt. In der behüteten Selbstverständlichkeit der ersten Tage nach der Geburt des Kindes spüren wir wieder den geschlossenen magischen Kreis, das Wunder zweier nur füreinander existierender Menschen, sehen wir die himmlische Ruhe, die sich im Gesicht der stillenden Mutter spiegelt. Dies ist jedoch nur ein kurzes Zwischenspiel und kein Ersatz für die ursprüngliche umfassendere Beziehung.

Aber obwohl Männer wie Frauen in ihren besonderen Aufgaben aufgehen und jeder etwas von der alten Beziehung vermißt, bestehen große Unterschiede in ihren Bedürfnissen. Während der Mann in seinem Bereich weniger Möglichkeiten hat, menschliche Beziehungen zu knüpfen, hat er dafür vielleicht mehr Gelegenheit, sich schöpferisch in seiner Arbeit zu verströmen. Der Frau hingegen bieten sich mehr Möglichkeiten zu persönlichen Bindungen. Sie geben ihr aber nicht das Gefühl einer eigenen schöpferischen Persönlichkeit, einer individuellen Aussage. Wenn jeder Partner etwas entbehrt und jeder die Bedürfnisse des anderen mißversteht, so droht leicht die Gefahr einer Entfremdung oder der Flucht in späte Liebeleien. Man ist dann der Versuchung ausgesetzt, dem anderen die Schuld zu geben und sich der angenehmen Täuschung zu überlassen, ein neuer und verständnisvollerer Partner könne alle Schwierigkeiten lösen.

Aber weder Frau noch Mann werden in einer neuen Beziehung, die unkomplizierter zu sein scheint, weil sie noch im Anfangsstadium ist, Erfüllung finden. Eine derartige Liebesbeziehung kann das Gefühl der Identität nicht wirklich zurückbringen. Gewiß, man unterliegt der Täuschung, man werde um seiner selbst willen geliebt und nicht als ein Sammelbegriff verschiedener Funktionen. Aber können wir uns wirklich in jemand anderem wiederfinden? In der Liebe eines anderen? Oder auch nur in dem Spiegel, den uns ein anderer vorhält? Ich glaube, unser wirkliches Ich finden wir nur, indem wir »unsere eigene Tiefe ausloten und uns selbst kennenlernen«, wie Meister Ekkehart einmal gesagt hat. Wir finden es in einer schöpferischen Tätigkeit, die ihren Ursprung in uns hat. Wir finden es, paradoxerweise, wenn wir uns selbst verlieren. Um das Leben zu gewinnen, müssen wir es verlieren. Die Frau wird am leichtesten den Weg zu sich finden, wenn sie sich in irgendeiner selbständigen schöpferischen Tätigkeit verliert. Dort wird sie ihre Kraft wiederfinden, die Kraft, die sie braucht, um sich mit der anderen Seite des Problems zu beschäftigen – der vernachlässigten reinen Beziehung. Nur ein Mensch, der zu sich selbst zurückgefunden hat, kann zu einem anderen Menschen zurückfinden.

Aber kann man die reine Beziehung der Sonnenaufgangs-Muschel wiederfinden, nachdem sie erst einmal getrübt ist? Manche Beziehungen können offensichtlich nie mehr wiederhergestellt werden. Es handelt sich nicht nur um verschiedene Bedürfnisse, die erkannt und befriedigt werden müssen. Die beiden Partner haben sich in ihren veränderten Rollen vielleicht in verschiedene Richtungen oder in verschiedene Lebensrhythmen auseinandergelebt. Der kurze Augenblick eines gemeinsamen »Sonnenaufgangs« mag das einzige gewesen sein, dessen sie fähig waren. In ihm lag bereits das Ende, er gründete nicht eine tiefere Beziehung. In einer sich entfaltenden Beziehung geht der ursprüngliche Sinn jedoch nicht verloren, er wird lediglich unter dem Wust des Alltags begraben. Der eigentliche Kern ist noch da und muß nur freigelegt und wieder bestätigt werden.

Ein Weg zur Wiederentdeckung des zweifachen Sonnenaufgangs ist die Rekonstruktion seines ersten Erlebnisses. Die Ehepartner können und sollten bisweilen jeder für sich, aber auch zu zweit in Ferien gehen. Denn wenn es möglich ist, daß eine Frau wieder zu sich findet, indem sie ihren Urlaub allein verbringt, so ist es ebenso möglich, daß man die ursprüngliche Beziehung wiederfindet, indem man zu zweit allein seine Ferien verbringt. Die meisten

Ehepaare haben die ungeahnte Freude solcher Ferien kennengelernt. Wie herrlich war es, die Kinder, das Haus, die Arbeit und die ganzen Pflichten des Alltags hinter sich zu lassen; gemeinsam fortzugehen, um für einen Monat, ein Wochenende oder auch nur für eine Nacht in einem Gasthof allein zu sein. Wie überraschend, das Wunder des Sonnenaufgangs noch einmal zu erleben. Die unerwartete Freude, mit dem Mann, in den man sich verliebt hatte, wieder allein zu frühstücken. Hier, an dem kleinen Tisch, sitzen sich zwei Menschen gegenüber. Wie groß war der häusliche Tisch geworden! Und wie unruhig, mit vier oder fünf Kindern, dem Telefon, das in der Diele schrillt, den drei Schul-Omnibussen, die nicht warteten, vom Vorortszug ganz zu schweigen. Wie sehr trennt uns das alles von unserem Mann und belastet die reine Beziehung. Sitzt man sich aber allein an einem Tisch gegenüber, was steht da noch zwischen uns? Nichts als die Kaffeekanne, die Brötchen und die Marmelade. Gewiß, ein sehr primitives Vergnügen, dieses Frühstück allein mit dem Ehemann, aber wie selten ist es älteren verheirateten Menschen vergönnt.

Ich glaube übrigens, daß diese zeitweilige Rückkehr in die reine Form einer Beziehung auch den Kindern zugute kommt. Könnte man nur, so denke ich, während ich meine Muschel betrachte, jedes seiner Kinder einmal für sich allein haben – nicht nur einen Teil des Tages, sondern einen Teil jedes Monats, jedes Jahres. Wären sie glücklicher, stärker und letztlich auch unabhängiger, weil sie sicherer wären? Sehnt sich nicht jedes Kind insgeheim nach der ungestörten Mutter-Beziehung zurück? Als es »das Baby« war, als die Tür zum Kinderzimmer geschlossen war und die Mutter es nährte – allein? Und wenn wir diese Erkenntnis in die Tat umsetzten und mehr Zeit mit jedem Kind allein verbrächten – gewänne es dann nicht nur an Sicherheit und Kraft, sondern erhielte es dann nicht auch eine wichtige Lehre für seine Beziehungen im Erwachsenen-Dasein?

Wir wollen alle ausschließlich geliebt werden. »Setz Dich mit keiner anderen als mir unter den Apfelbaum« heißt es in einem alten

Lied. Das ist vielleicht ein fundamentaler menschlicher Irrtum, den Auden in einem Gedicht so ausdrückt:

Denn im innersten Gebein
Jeder Frau und jedes Mannes
Bohrt der nie erfüllte Wunsch:
Nicht All-Liebe zu erfahren,
Nein, geliebt zu sein allein.

Ist das eine solche Sünde? Als ich mich mit einem indischen Philosophen über diesen Vers unterhielt, gab er mir eine einleuchtende Antwort. »Der Wunsch, ausschließlich geliebt zu werden, ist ganz berechtigt«, sagte er. »Zweisamkeit ist das Wesen der Liebe. In einer Zweisamkeit ist kein Platz für dritte. Nur wenn wir es unter dem zeitlichen Aspekt betrachten, ist es falsch. Wir irren, wenn wir nach immerwährender ausschließlicher Liebe verlangen.« Denn wir bestehen nicht nur auf dem romantischen Glauben an die »eine-einzige« – die eine-und-einzige Liebe, den ein-und-einzigen Partner, die ein-und-einzige

Mutter, die eine-und-einzige Geborgenheit – wir wollen, daß das »eine-und-einzige« dauernd, immerdar und ewig sei. Der Wunsch nach der immerwährenden Ausschließlichkeit in der Liebe scheint mir der »tiefwurzelnde Irrtum« im Menschen zu sein. Denn »es gibt kein Ein-und-Einziges«, wie mir einmal ein Freund bei einer derartigen Diskussion sagte, »es gibt nur die ein-und-einzigen Augenblicke«.

Diese ein-und-einzigen Augenblicke haben ihre Gültigkeit. Zu ihnen zurückzukehren, wenn auch nur zeitweise, hat seine Berechtigung. Der Augenblick am Frühstückstisch ist gültig; der Augenblick mit dem Kind an der Brust ist gültig; der Augenblick, in dem wir später mit ihm den Strand entlanglaufen, ist gültig. Das gemeinsame Muschelsuchen, das Kastaniensammeln, die Schätze, die man austauscht: – all diese Augenblicke der Zweisamkeit sind gültig, aber nicht ewig.

Man erkennt schließlich, daß es keine dauernde reine Beziehung gibt und daß es sie auch nicht geben soll, ja, daß man sie nicht einmal wünschen sollte. Die reine Beziehung ist räumlich und zeitlich begrenzt. Sie bedeutet im wesentlichen Ausschließlichkeit. Sie schließt das übrige Leben aus, ebenso die übrigen Aspekte der Persönlichkeit, andere Verantwortungen, andere Zukunftsmöglichkeiten. Sie behindert die Entwicklung. Vor der verschlossenen Kinderzimmertüre stehen fordernd die anderen Kinder. Man liebt auch sie. Im Nebenraum läutet das Telefon. Man möchte auch mit den Freunden sprechen. Wenn der Frühstückstisch abgeräumt ist, muß man an die nächste Mahlzeit oder den nächsten Tag denken. Auch das sind Realitäten, die man nicht negieren kann. Das Leben muß weitergehen. Das heißt nicht, daß es eine Zeitvergeudung ist, wenn man sich in kurzen Ferienzeiten dem Erlebnis der Zweisamkeit widmet. Im Gegenteil, diese Augenblicke ausschließlicher Zweisamkeit geben nicht nur Ruhe, sondern schenken auch neue Kraft. Das Licht, das über dem kleinen Frühstückstisch leuchtet, erhellt den ganzen Tag und viele folgende Tage. Der gemeinsame Lauf den Strand entlang verjüngt wie ein Sprung ins Meer. Aber wir sind keine Kinder mehr; das Leben ist kein Strand. Es gibt keine dauernde Rückkehr, sondern nur ein Kräftesammeln.

Man lernt, sich mit der Tatsache abzufinden, daß es keine dauernde Rückkehr in die frühere Form einer Beziehung gibt; und man erkennt noch deutlicher, daß es unmöglich ist, eine Beziehung in der einmaligen Form zu erhalten. Das ist keine Tragödie, sondern das gehört zu dem sich ewig erneuernden Wunder des Lebens und Wachsens. Jede lebendige Beziehung ist einem Verwandlungsprozeß, einem Erweiterungsprozeß unterworfen und muß sich immer neue Formen schaffen. Aber es gibt keine einmalige, feste Form, die eine solche wechselnde Beziehung ausdrücken kann. Es gibt vielleicht verschiedene Ausdrucksformen für jeden Zustand; verschiedene Muscheln, die ich auf meinem Schreibtisch aufreihen kann, um verschiedene Stadien der Ehe – oder eigentlich jeder Beziehung – anzudeuten.

Zuerst kommt meine Sonnenaufgangs-Muschel. Ich glaube, sie ist ein gültiges Symbol für das erste Stadium: zwei makellose Hälften, die ein Scharnier zusammenhält, die sich an jedem Punkt berühren und die beide vom Glanz eines neuerstehenden Tages überstrahlt sind – eine Welt für sich. Ist es nicht das, was die Dichter seit jeher zu beschreiben versuchen?

Ein froher Morgen die erwachten Seelen grüßt,
Die nicht einander ängstlich sich belauern;
Denn Liebe liebend alle Dinge in sich schließt
Und läßt den kleinsten Raum zum All sich weiten.
Laßt die Entdecker nur nach neuen Welten gehen,
Laßt andere auf Karten Welt an Welten sehen.
Laßt uns nur unsere Welt, ein jeder hat und ist sie selbst.

Es ist jedoch ein »kleiner Raum«, den John Donne beschreibt, eine kleine Welt, aus der man unvermeidlich und glücklicherweise herauswachsen muß. Schön, zerbrechlich und vergänglich ist diese Sonnenaufgangs-Muschel, aber trotz alledem nicht illusorisch.

Weil sie nicht von Bestand ist, dürfen wir nicht dem Irrtum des Zynikers verfallen – und sie als Illusion bezeichnen. Beständigkeit ist kein Prüfstein für echte und falsche Werte. Der Tag einer Libelle oder die Nacht einer Motte sind nicht ohne Gültigkeit, weil sie nur kurze Abschnitte in ihrem Lebenslauf sind. Gültigkeit braucht keine Beziehung zu Zeit, Dauer oder Beständigkeit zu haben. Sie liegt auf einer anderen Ebene und wird mit anderem Maß gemessen. Sie bezieht sich auf den tatsächlichen Augenblick innerhalb von Zeit und Raum. »Und was wirklich ist, ist nur für eine bestimmte Zeit und einen bestimmten Raum eine Wirklichkeit.« Die Sonnenaufgangs-Muschel besitzt die ewige Gültigkeit alles Schönen und Vergänglichen.

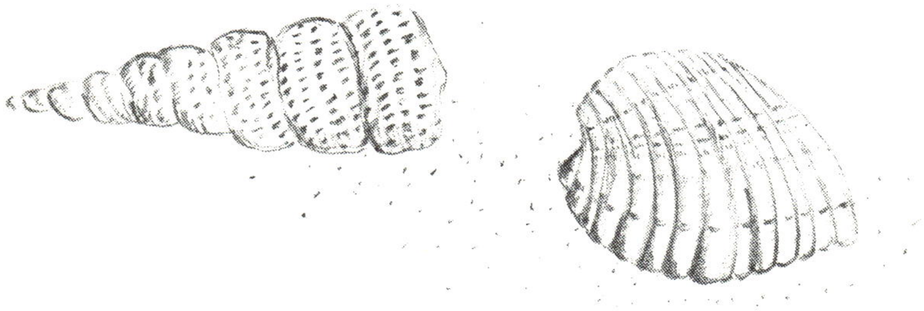

V

DIE AUSTERNBANK

Aber wir verlangen doch von einer Beziehung, zumindest von einer Ehe, Bestand und Dauer! Ehe bedeutet doch die Fortdauer einer Beziehung – nicht wahr? Natürlich aber nicht Fortdauer in einer bestimmten Form oder in einem bestimmten Zustand. Nicht notwendigermaßen die Fortdauer des »Sonnenaufgang«-Zustands. Es gibt andere Muscheln, die mir da helfen können und die ich meiner Sammlung hinzufügen kann. Hier ist eine, die ich gestern aufgehoben habe, keine seltene; es finden sich ihrer viele am Strand, und trotzdem hat jede ihre Eigenart. Man findet niemals zwei gleiche. Jede ist durch ihr eigenes Leben und von ihrem Daseinskampf geformt. Es ist eine Auster, an deren buckeligen Rücken sich kleine Muscheln klammern. In ihrer Unförmigkeit wirkt sie noch unausgewachsen. Sie ähnelt in gewisser

Weise dem Haus einer großen Familie, das einen Anbau nach dem anderen erhält, um das wimmelnde Leben zu beherbergen – da ein Sommerschlafzimmer für die Kinder und dort ein Spielzimmer; hier eine zusätzliche Garage und noch ein Schuppen für die Fahrräder. Das amüsiert mich, scheint es doch meinem augenblicklichen Leben, dem Leben der meisten Frauen in der Mitte ihrer Ehe, so sehr zu gleichen. Sie ist ungefügig, breitet sich nach allen Richtungen aus und ist, solange sie bewohnt wird – diese Muschel ist leer und vom Meer angeschwemmt – überkrustet und fest mit ihrem Felsen verhaftet.

Ja, ich finde, die Auster eignet sich vorzüglich zum Vergleich mit einer langjährigen Ehe. Sie versinnbildlicht den Lebenskampf. Die Auster hat sich auf dem Felsen ihren Platz errungen, dem sie sich genau angepaßt hat und an dem sie zäh festhält. Genau so kämpfen manche Paare im Laufe ihres Ehelebens um einen Platz in der Welt. Zunächst ist es der rein materielle Kampf um ein Heim, für die Kinder, um eine gesellschaftliche Position. Dabei bleibt nicht viel Zeit für tête-à-tête am Frühstückstisch. In jenen Jahren erkennt man die Wahrheit des Ausspruches von Saint-Exupéry: »Liebe besteht nicht darin, daß man einander ansieht (ein vollkommener Sonnenaufgang, der den anderen anstrahlt!), sondern daß man gemeinsam in die gleiche Richtung sieht.« Denn tatsächlich sehen Mann und Frau nicht nur in die gleiche Richtung – sie arbeiten auch gemeinsam auf ein Ziel hin. (Man beachte das stetige Anwachsen der Austernbank auf dem Felsen.) Hier schafft man Bindungen, schlägt Wurzeln, erobert eine feste Basis. (Man versuche, eine Auster von ihrem Riff zu stemmen!) Hier macht man sich zum Teil der menschlichen Gesellschaft, der Gemeinschaft der Menschen...

Hier knüpfen sich die ehelichen Bande. Denn die Ehe, die man immer als ein Band bezeichnet, wird in diesem Stadium tatsächlich zu vielen Bändern, vielen Fasern verschiedener Beschaffenheit und Stärke, die zusammen ein straffes und festes Netz bilden. Das Netz ist aus Liebe geknüpft. Ja, aber aus vielen

Arten von Liebe: zuerst aus romantischer Liebe, dann aus einer langsam heranreifenden innigen Hingabe, die beide kameradschaftliche Züge tragen. Es besteht aus Loyalität und gegenseitiger Abhängigkeit und gemeinsamen Erlebnissen – ein Geweb aus Erinnerungen an Gemeinsamkeiten und Gegensätze, an Triumphe und Enttäuschungen. Es ist ein Netz aus Vertraulichkeiten, einer gemeinsamen Sprache und auch der Sprachlosigkeit, ein Wissen um Neigungen und Abneigungen, Gewohnheiten und Reaktionen seelischer und körperlicher Natur – ein Netz aus Instinkt und Intuition und bewußter und unbewußter Ergänzung. Das Netz einer Ehe wird in beständiger Gemeinsamkeit geknüpft, im tagtäglichen Beisammensein, im vereinten Streben nach dem Ziel. Es wird in Raum und Zeit auf dem Webstuhl des Lebens selbst gewoben.

Das Band der romantischen Liebe aber ist etwas anderes. Es hat so wenig mit Gemeinsamkeit oder Gewohnheit oder Raum und Zeit oder dem Leben selbst zu tun. Es umfängt sie alle wie der Regenbogen – oder wie ein Blick.

Es ist das Band der romantischen Liebe, das die zweifache Sonnenaufgangs-Muschel zusammenhält, nur ein Band, nur eine Klammer. Und wenn dieses zerbrechliche Glied im Sturm zerbricht, was hält dann die beiden Hälften zusammen? Im Austern-Stadium der Ehe ist die romantische Liebe nur eines der vielen Bänder, die das vielfältige und dauerhafte Netz bilden, das sich zwei Menschen gemeinsam geknüpft haben.

Ich habe die Auster sehr gern. Sie ist bescheiden, plump und häßlich. Sie ist schiefergrau und unsymmetrisch. Ihre Urform ist nicht schön, sondern zweckmäßig. Ihre Buckligkeit macht mich lachen. Manchmal lehne ich mich gegen ihre Parasiten und Auswüchse auf. Aber ihre unermüdliche Anpassungsfähigkeit und Zähigkeit erregen mein bewunderndes Staunen und rühren mich manchmal sogar zu Tränen. Und sie ist mir vertraut und lieb wie ein Paar alte Gartenhandschuhe, die sich der Form meiner Hand vollkommen angepaßt haben. Ich lege sie nicht gern beiseite. Ich will sie nicht lassen.

Aber ist sie ein dauerhaftes Symbol der Ehe? Sollte sie – im Gegensatz zur zweifachen Sonnenaufgangs-Muschel – ewig gelten? Die Flut des Lebens verebbt. Das Haus mit seinen unförmigen Anbauten beginnt sich nach und nach zu leeren. Die Kinder gehen in die Schule und dann heiraten sie und beginnen ein eigenes Leben. Die meisten älteren Menschen haben ihren Platz in der Welt erobert oder den Kampf aufgegeben. Die furchtbare Zähigkeit, mit der wir am Leben, an einem Platz, an Menschen, an materiellem Besitz hängen – ist sie noch so notwendig, wie sie es war, als wir um unsere Sicherheit und um die Sicherheit unserer Kinder kämpften? Viele physische Kämpfe haben aufgehört, weil wir entweder gesiegt oder versagt haben. Muß die Muschel so fest an ihrem Felsen kleben? Verheiratete Paare finden sich in vorgerücktem Alter oft isoliert und starr in einer veralteten Muschel, in einer Festung, die ihren Sinn überlebt hat. Was soll man machen – in der skelettierten Form verkümmern oder sich eine neue Lebensform, neue Erlebnisse suchen?

Vielleicht, so könnte einer vorschlagen, ist das der Augenblick, um wieder in die einfache, in sich geschlossene Welt der Sonnenaufgangs-Muschel zurückzukehren? Endlich wieder allein an einem Frühstückstisch! Aber nein, es gibt kein Zurück in diese festgeschlossene Welt. Man ist ihr entwachsen, man ist für diese streng symmetrische Muschel zu vielseitig geworden. Ich bin mir nicht sicher, ob man nicht überhaupt jeder Muschel entwachsen ist.

Die Mitte des Lebens ist vielleicht die Zeit, oder sollte sie sein, in der man die Muscheln abstreift – die Muschel des Ehrgeizes, die Muschel der materiellen Besitzgier, die Muschel des Ego. Vielleicht kann man sich in jenem Lebensabschnitt der Dinge entledigen, derer man sich am Strand entledigt: des Stolzes, des falschen Ehrgeizes, der Maske, des Harnischs. Haben wir diesen Harnisch nicht angelegt, um uns für den harten Lebenskampf zu wappnen? Wenn man nicht mehr kämpft, braucht man ihn dann noch? Vielleicht kann man wenigstens in reiferen Jahren, wenn nicht schon früher, ganz man selber sein. Wie erlösend wäre das!

Zugegeben, die Abenteuer der Jugend sind uns nicht mehr so leicht zugänglich. Die meisten von uns können zu diesem Zeitpunkt keinen neuen Beruf mehr ergreifen, keine neue Familie gründen. Viele der physischen, materiellen und gesellschaftlichen Ziele sind schwerer zu erreichen als zwanzig Jahre zuvor. Aber ist das nicht oft eine Erleichterung? »Mir ist es jetzt egal, ob ich die Schönheit von Newport bin oder nicht«, sagte mir einmal eine sehr schöne Frau, die eine begabte Künstlerin geworden ist. Und ich habe den Helden eines Romans von Virginia Woolf schon immer gegeliebt, der beim Überschreiten der Schwelle zum Alter zugibt: »Gewisse Dinge sind von mir abgefallen. Ich habe bestimmte Wünsche überlebt... Ich bin nicht so begabt, wie es einmal schien. Es gibt Dinge, die mir versagt sind. Die schwierigeren Probleme der Philosophie werde ich nie verstehen. Über Rom werde ich nicht mehr hinauskommen... Nie werde ich die Eingeborenen Tahitis im Licht grellen Fackelscheins mit dem Speer Fische stechen sehen, noch einen Löwen, der aus dem Dschungel bricht, oder einen nackten Wilden, der rohes Fleisch verschlingt...« (Gott sei Dank! hört man ihn leise hinzufügen.)

Der primitive, rein funktionelle Zuschnitt des Lebensbeginns und der tätigen Jahre vor Vierzig oder Fünfzig ist überlebt. Aber es bleibt uns der Nachmittag, den man nicht im fieberhaften Tempo des Morgens verbringen muß, sondern der uns endlich Zeit läßt für jene intellektuellen, kulturellen und geistigen Beschäftigungen, die wir in der Hitze des Gefechts beiseite geschoben haben. Wir Amerikaner, mit unserer übermäßigen Überschätzung der Jugend, des Tatmenschen und des materiellen Erfolgs, neigen zweifellos dazu, den Nachmittag des Lebens gering zu schätzen oder gar zu tun, als käme er nie. Wir stellen die Uhr zurück und versuchen, den Morgen zu verlängern, und übernehmen und verausgaben uns bei dieser unnatürlichen Anstrengung. Natürlich erreichen wir damit gar nichts: Wir können nicht mit unseren Söhnen und

Töchtern konkurrieren. Und welche Mühe, mit diesen über-aktiven und unterbedachten Erwachsenen Schritt zu halten! Oft verpassen wir die Blüte, die auf den Nachmittag wartet, im atemlosen Kampf um den Morgen.

Denn könnte man die Mitte des Lebens nicht als eine Zeit zweiter Blüte, zweiten Wachstums betrachten, ja sogar als eine Art zweiter Jugend? Zugegeben, die Gesellschaft trägt im allgemeinen nicht dazu bei, die zweite Lebenshälfte unter diesem Aspekt zu sehen. Und deshalb ist die Phase der Entwicklung oft tragischen Mißverständnissen ausgesetzt. Vielen Menschen gelingt es nie, über die Hochebene der vierziger Jahre hinauszugelangen. Die Wachstumsschmerzen, die meiner Ansicht nach jenen der früheren Jugend so ähnlich sind – Unzufriedenheit, Ruhelosigkeit, Zweifel, Verzweiflung, Sehnsucht – werden fälschlich als Zeichen des Verfalls gedeutet. In der Jugend mißdeutet man diese Anzeichen nicht so häufig; man nimmt sie ganz richtig als Wachstumsschmerzen in Kauf. Man nimmt sie ernst, beobachtet sie und richtet sich nach ihnen. Man hat Angst. Natürlich. Wer fürchtet sich nicht vor dem absoluten Raum – dieser atemberaubenden Leere hinter einer offenen Türe? Aber trotz aller Furcht geht man in das anstoßende Zimmer.

Aber im beginnenden Alter deutet man aus der falschen Annahme, daß nun ein Verfall einsetzen muß, diese Lebenszeichen paradoxerweise als Anzeichen des nahenden Todes. Statt sich ihnen zu stellen, flieht man sie und flüchtet sich in Depressionen, Nervenzusammenbrüche, Trunk, Liebeleien oder sinn- und gedankenlose Überarbeitung. Nur nicht sich ihnen stellen und von ihnen lernen! Man versucht, die Wachstumsschmerzen zu heilen, sie auszutreiben, als seien sie Teufel, wo sie eigentlich Engel der Verkündigung sein könnten.

Engel der Verkündigung? Welcher Verkündigung? Eines neuen Lebensabschnittes, der uns nun, da wir die physischen Kämpfe, den weltlichen Ehrgeiz, die materiellen Belastungen des aktiven Lebens hinter uns gebracht haben, Zeit läßt, uns der bislang vernachlässigten Hälfte des Ichs zu widmen. Man könnte frei sein, Gemüt, Herz und Talente zu entwickeln; endlich frei sein für ein geistiges Wachstum, befreit von der Umklammerung der Sonnenaufgangs-Muschel. So schön sie war, sie war doch eine geschlossene Welt, der man entwachsen mußte. Und vielleicht kommt auch die Zeit, in der man – so bequem und anpassungsfähig sie auch sein mag – sogar der Auster entwächst.

VI
ARGONAUTA

Unter den Strandbewohnern gibt es gewisse seltene Geschöpfe, die »Argonauten«, die überhaupt nicht mit ihrer Muschel verhaftet sind. Die Muschel dient nur als Wiege für die Jungen, welche die Argonauten-Mutter im Arm hält, wenn sie an die Meeresoberfläche schwimmt, wo die Jungen ausschlüpfen und fortschwimmen. Dann verabschiedet sich die Argonauten-Mutter von ihrer Muschel und beginnt ein neues Leben. Dieses Bild der Argonauta fesselt mich. Ihre vorübergehende Behausung war mir bisher nur als das Prunkstück in der Sammlung eines Kenners begegnet. Fast durchsichtig und fein gerippt wie eine griechische Säule, ist diese Muschel vom reinen Weiß der Narzisse. Federleicht wie ein Weidenboot der Frühzeit scheint sie bereit, die Segel zur Fahrt an fremde Gestade zu setzen.

Ihr Name stammt, wie mir das Lexikon sagt, von jenen sagenhaften Schiffen, mit denen Jason sich auf die Suche nach dem Goldenen Vlies machte. Die Matrosen betrachten diese Muscheln als Zeichen für schönes Wetter und günstige Winde.

Schöne Muschel, schönes Abbild – ich bin versucht, in Gedanken mit dir zu spielen. Bist du das Symbol für ein weiteres Stadium menschlicher Beziehungen? Können wir alternden Argonauten, wenn wir der Austernbank entwachsen sind, auf die Freiheit des Nautilus hoffen, der seine Muschel gegen die Weite des Meeres eingetauscht hat? Aber was erwartet uns in der Weite des Meeres? Wir können nicht annehmen, daß die zweite Lebenshälfte uns »schönes Wetter und günstige Winde« verspricht. Wo ist das Goldene Vlies für den alternden Menschen?

Wenn man von der Argonauta spricht, dann hat man eigentlich schon die übliche Muschelsammlung hinter sich gelassen. Ein Zweifacher Sonnenaufgang, eine Austernbank – das sind den meisten von uns bekannte

Begriffe. Wir erkennen sie wieder, wir wissen von ihnen, sie gehören zu unserem täglichen Leben und zum Leben unserer Umgebung. Aber auf diesem seltenen und zerbrechlichen Gefährt haben wir uns von den gangbaren Küsten erprobter Tatsachen und Erfahrungen entfernt. Wir kreuzen abenteuernd auf den unerforschten Meeren der Phantasie.

Ist das Goldene Vlies, das auf uns wartet, eine Art neuer Freiheit, in der wir uns entfalten können? Und ist innerhalb dieser neuen Freiheit noch Raum für eine menschliche Beziehung? Ich glaube, nach der Austernbank haben wir Gelegenheit, die beste aller menschlichen Beziehungen zu finden: keine begrenzte, ausschließliche Zweisamkeit wie die der Sonnenaufgangs-Muschel; keine zweckbedingte, abhängige wie auf der Austernbank, sondern die Begegnung zweier in sich vollendeter, reifer Menschen als Persönlichkeiten. Es ergäbe sich, um eine Definition des schottischen Philosophen McMurray zu gebrauchen, eine rein persönliche Beziehung, das heißt, »eine Form der Beziehung, in welche zwei Menschen als geformte Persönlichkeiten mit allem, was sie zu geben haben, eintreten«. »Persönliche Beziehungen«, erklärt er weiter, ». . . sind nicht zweckbedingt. Sie basieren nicht auf besonderen Interessen. Sie dienen weder halben noch begrenzten Zielen. Ihr Wert ruht ausschließlich in ihnen selbst und übertrifft daher alle anderen Werte, und zwar deshalb, weil es sich um die Beziehungen einer Persönlichkeit zu einer anderen handelt.« Diese Beziehung zwischen »Persönlichkeiten« wurde vor fast fünfzig Jahren von Rilke prophetisch angedeutet. Er sah eine grundlegende Änderung in der Beziehung zwischen Mann und Frau voraus. Er hoffte, daß sie in Zukunft nicht mehr dem traditionellen Muster von Unterordnung und Beherrschung oder Besitz und Kampf um Gleichberechtigung folgen würde. Er beschrieb einen Zustand, in dem Raum für Freiheit und Entfaltung war und in dem jeder Partner zur Befreiung des anderen beitragen würde. »Eine Beziehung«, folgerte er, »die von Mensch zu Mensch gemeint ist . . . Und diese menschlichere Liebe (die unendlich rücksichtsvoll und leise und gut und klar in Binden und Lösen sich vollziehen wird) wird jener ähneln, die wir ringend und mühsam vorbereiten, der Liebe, die darin besteht, daß zwei Einsamkeiten einander schützen, grenzen und grüßen.«

Aber diese neue Beziehung von Mensch zu Mensch, diese menschlichere Liebe, diese Konzeption von der Zwei-Einsamkeit ist etwas, das nicht mühelos kommt. Wie alles fest verwurzelte Wachstum muß es allmählich gewachsen sein. Vielleicht bedarf es hierzu einer langen Entwicklung innerhalb der menschlichen Zivilisation und ebenso in jedem einzelnen Menschenleben. Ein solches Stadium kann meines Erachtens im Leben nur als Teil eines Entwicklungsprozesses, als Folge gewisser wesentlicher Entwicklungen der einzelnen Partner, erreicht werden und darf nicht als Geschenk oder glücklicher Zufall kommen.

Es kann nicht erreicht werden, ehe die Frau – als Einzelwesen und als Geschlechtspartner – volljährig geworden ist: ein Reifeprozeß, den wir heute miterleben. Sie muß sich diesen Weg selbst erkämpfen und kann kaum mit einer Hilfe von außen rechnen, so bemüht man auch sein mag, ihr den Weg zu zeigen. Man bringt der heutigen Frau viel Interesse entgegen, und zwar hauptsächlich in Form von wissenschaftlichen Untersuchungen ihrer Funktion als Geschlechtstier. Es ist natürlich notwendig und nützlich, daß die Frau ihre sexuellen Bedürfnisse und Neigungen kennt und anerkennt, aber sie sind nur eine Seite des sehr komplizierten Problems. Man kann nicht erwarten, daß statistische Untersuchungen ihrer körperlichen Reaktionen ihrem Innenleben, der Grundbeziehung zu ihrem eigenen Ich oder ihren so lange zurückgestellten Hoffnungen und Rechten als menschliches Wesen, das nicht nur rein körperlich schöpferisch sein möchte, viele Erkenntnisse zuführen.

Die Frau muß allein volljährig werden. »Volljährigkeit« besagt, daß man lernt, allein fertig zu werden. Sie muß lernen, unabhängig zu werden, und sie darf nicht glauben, sie müsse ihre Kraft im Wettstreit mit anderen erproben. In früheren Zeiten pendelte sie zwischen zwei extremen Polen, zwischen Abhängigkeit und Wettstreit, zwischen den Prinzipien der viktorianischen Ära und denen der Frauenrechtlerinnen. Aber beide Extreme brachten sie aus der Balance; in keinem liegt der Kern, der wahre Kern echter Weiblichkeit. Sie muß ihr Zentrum allein finden. Sie muß ein Ganzes werden. Ehe sie irgendeine Beziehung im Sinne der »Zwei-Einsamkeit« eingehen kann, muß sie für mein Gefühl dem Rat des Dichters folgen und »eine Welt für sich um des anderen willen« werden.

Ich frage mich, ob nicht eigentlich beide, Mann und Frau, diese heroische Tat vollbringen müssen. Muß nicht auch der Mann eine Welt für sich werden? Muß nicht auch er die vernachlässigten Seiten seiner Persönlichkeit entwickeln: die Kunst der Selbstbetrachtung, für die er in seinem aktiven, extrovertierten Leben so wenig Zeit hatte; die persönlichen Beziehungen, derer er sich kaum erfreuen konnte; die sogenannten femininen Eigenschaften – ästhetische, gefühlsbetonte, musische und geistige – die er vor lauter Hetze nicht voll entwickeln konnte. Vielleicht hungern in Amerika die Männer wie die Frauen in unserer materiellen, extrovertierten, aktiven, maskulinen Zivilisation nach den angeblich femininen Eigenschaften des Herzens, der Seele und des Geistes – Eigenschaften, die in Wirklichkeit weder männlich noch weiblich sind, sondern einfach vernachlässigte menschliche Eigenschaften. Eine Entfaltung in dieser Richtung wird uns zur vollen Entfaltung bringen und dem Einzelnen die Möglichkeit geben, eine Welt für sich zu werden.

Und diese größere Ganzheit in jedem Menschen, dieses »Eine-Welt-für-sich«-Sein – bedeutet sie nicht erhöhtes Sich-selbst-genügen und dementsprechend auch eine größere Trennung zwischen Mann und Frau? Gewiß, mit der Entfaltung kommt die Differenzierung und die Trennung wie bei einem Baumstamm, dessen Einheit sich teilt, wenn er wächst und sich in Ästen, Zweigen und Blättern ausbreitet. Aber der Baum ist immer noch eine Einheit, und seine verschiedenen Teile leben voneinander. Die beiden getrennten Welten oder die beiden Einsamkeiten werden einander gewiß mehr geben können, als wenn jede von ihnen eine unzulängliche Hälfte wäre. »Ein Miteinander zweier Menschen ist eine Unmöglichkeit«, schreibt Rilke, »und, wo es doch vorhanden scheint, eine Beschränkung, eine gegenseitige Übereinkunft, welche einen Teil oder beide Teile ihrer vollsten Freiheit und Entwicklung beraubt. Aber das Bewußtsein vorausgesetzt, daß auch zwischen den nächsten Menschen unendliche Fernen bestehen bleiben, kann ihnen ein wundervolles Nebeneinanderwohnen erwachsen, wenn es ihnen gelingt, die Weite zwischen sich zu lieben, die ihnen die Möglichkeit gibt, einander immer in ganzer Gestalt und vor einem großen Himmel zu sehen!«

Das ist ein schönes Bild, aber wer kann es im Leben verwirklichen? Wo, außer im Briefwechsel eines Dichters, findet sich eine solche Ehe? Gewiß, Rilkes Zwei-Einsamkeiten oder McMurrays reine Persönlichkeitsbeziehungen sind bis jetzt noch recht theoretische Vorstellungen. Aber jeder Entdeckung geht eine Theorie voraus. Wir bedürfen jedes Wegweisers, der uns den Pfad durch die Wildnis zeigt. Denn wir sind doch eigentlich Pioniere, die nach einem Weg durch das Gestrüpp der Tradition, Konvention und der Dogmen suchen. Unsere Bemühungen sind ein Teil des Kampfes um die Vervollkommnung der Beziehung zwischen Mann und Frau – und eigentlich jeder Beziehung. Unter diesem Aspekt ist jeder Schritt zur Verständigung von Bedeutung. Jeder Schritt, mag er auch zögernd sein, zählt. Und wenn wir auf unserem Lebensweg vielleicht auch nur selten einer vollkommenen Argonauta begegnen, so haben wir doch alle in unserem eigenen Leben kurze Blicke auf sie tun dürfen. Und diese flüchtigen Erfahrungen geben uns eine Vorstellung davon, wie die neue Beziehung sein könnte.

Meiner Insel verdanke ich einen solchen kurzen Einblick in das Leben der Argonauta. Nach meiner Woche des Alleinseins verlebte ich eine Woche mit meiner Schwester. Ich werde einen Tag herausgreifen, ihn untersuchen und vor mir ausbreiten, wie ich die Muscheln auf meinen Schreibtisch gestellt habe. Ich werde ihn wie eine Muschel von allen Seiten betrachten und seine positiven Seiten untersuchen. Nicht, daß mein Leben je wie dieser Tag werden wird – wie dieser vollkommene Tag, der aus einer Ferienwoche herausgenommen ist; es gibt kein vollkommenes Leben. Die Beziehung zwischen zwei Schwestern ist anders als zwischen Mann und Frau. Sie kann aber den Sinn einer Beziehung erklären. Das Licht, das eine gute Beziehung ausstrahlt, kann alle Beziehungen erhellen. Und ein vollkommener Tag kann uns Hinweise für ein vollkommeneres Leben geben – vielleicht für das sagenhafte Leben der Argonauta.

Wir erwachen im gleichen kleinen Zimmer aus tiefem Kinderschlaf und hören das sanfte Säuseln des Windes in den Kasuarinen-Bäumen und das weiche schlaftrunkene Atmen der Wellen am Ufer. Wir laufen barfuß zum Strand hinunter, der sich flach vor uns dehnt und von neuen nassen Muscheln glänzt, die von der nächtlichen Flut angespült worden sind. Das morgendliche Bad erscheint mir wie eine Segnung, wie ein Taufakt, eine Wiedergeburt zu den Wundern und der Schönheit der Erde. Wohlig durchwärmt laufen wir wieder zurück, um auf unserer Veranda heißen Kaffee zu trinken. Zwei Küchenstühle und ein Kindertisch füllen die Schwelle. Die Beine in der Sonne ausgestreckt, schmieden wir lachend Pläne für den Tag.

Wir spülen unsere Teller ohne jedes System, denn es sind so wenige, daß es sich nicht lohnt, sich ihretwegen den Kopf zu zerbrechen. Wir arbeiten leicht und in spielerischem Einklang und stören uns nicht bei unserer Arbeit. Wir unterhalten uns, während wir den Boden kehren, abtrocknen, aufräumen. Wir sprechen über einen Menschen oder ein Gedicht oder eine gemeinsame Erinnerung. Und da unsere Unterhaltung wichtiger ist als unsere Aufgaben, erledigen sich die Aufgaben, ohne daß wir darüber nachdenken.

Und dann an den Schreibtisch hinter verschlossenen Türen, die keine von uns zu öffnen wünscht. Wie befreiend, sich beim Schreiben vergessen zu dürfen, seinen Gefährten zu vergessen, zu vergessen, wo man ist und was man nachher tun wird – in der Arbeit zu versinken wie im Schlaf oder im Meer. Bleistifte und Schreibblöcke und Bögen blauen Papiers, die voll von Buchstaben sind, häufen sich auf dem Arbeitstisch. Und dann, endlich, erheben wir uns heißhungrig, um unser verspätetes Mittagessen einzunehmen. Noch benommen von unserer intensiven Versenkung kehren wir erleichtert zu den harmlosen Aufgaben der Zubereitung des Essens zurück, als seien diese Aufgaben Rettungsleinen, die uns in die Wirklichkeit heraufholen – als wären wir tatsächlich beinahe im Meer der intellektuellen Arbeit ertrunken und begrüßten nun den festen Boden körperlicher Arbeit.

Nach etwa einer Stunde praktischer Betätigung sind wir wieder bereit, uns etwas anderem zuzuwenden. Hinaus an den Strand für den Rest des Nachmittags! Dort werden wir von allen Verpflichtungen, von den gewöhnlichen und den außergewöhnlichen, reingewaschen. Wir gehen in schweigender Harmonie den Strand entlang wie die Strandläufer, die sich gleich einem Corps de Ballet zum Takt eines inneren Rhythmus, den wir nicht hören können, vor uns herbewegen. Die Intimität ist dahin, die Gefühle sind aufs Meer hinausgeweht. Wir sind sogar von unseren Gedanken befreit, jedenfalls von dem Zwang, sie auszusprechen, – sauber und nackt wie gebleichtes Treibholz, leer wie Muscheln, die bereit sind, sich wieder mit Meer, Himmel und Wind zu füllen. Ein langer Nachmittag, der die Außenwelt auslöscht.

Und wenn wir dann schwer und entspannt sind wie der Tang unter unseren Füßen, kehren wir in der Dämmerung in die Wärme und Vertrautheit unseres Häuschens zurück. Vor dem offenen Kamin schlürfen wir gemächlich unseren Sherry. Wir beginnen mit dem Abendbrot und unterhalten uns dabei. Der Abend ist die Stunde der Gespräche. Der Morgen gehört der geistigen Arbeit, so sagt mir eine Gewohnheit aus Schultagen. Der Nachmittag gehört der körperlichen Betätigung, der Arbeit im

Freien. Aber der Abend ist dazu da, daß man sich mitteilt und seine Gedanken austauscht. Ist es die unbegrenzte dunkle Weite der Nacht nach dem hellen, aufgeteilten Tag, die uns für einander frei macht? Oder machen uns die unendlichen Räume und unergründlichen Dunkelheiten unserer fröstelnden Kleinheit bewußt und lassen uns den Funken im anderen suchen?

Austausch – aber nicht zu lange. Denn ein guter Gedankenaustausch ist anregend wie schwarzer Kaffee, und man schläft genauso schwer danach ein. Ehe wir schlafen, gehen wir noch einmal in die Nacht hinaus. Wir gehen unter dem Sternenhimmel am Strand entlang. Und wenn wir vom Gehen müde sind, liegen wir flach auf dem Sand unter der gestirnten Himmels-Kuppel. Wir fühlen uns gelöst und bereit, ihre Botschaft aufzunehmen. Sie strömt in uns ein, bis wir randvoll mit Sternen angefüllt sind.

Ich begreife, daß es das ist, wonach wir nach der Begrenztheit des Tages dürsten. Nach der Arbeit, nach dem Kleinkram, nach den

Vertraulichkeiten – selbst nach dem Gedankenaustausch – dürsten wir nach der Größe und Mannigfaltigkeit einer Sternennacht, die wie eine kühle Flut in uns einströmt.

Und dann, endlich, wirft uns die Unermeßlichkeit des Alls wieder zurück auf unseren Strand. Wir kehren zurück in das Licht unseres Häuschens, das aus dem dunklen Gespinst der Räume leuchtet. Wir sehen vor uns das kleine Feuer von Menschenhand, das winzig, sicher warm und willkommenheißend vor dem gewaltigen Chaos der Finsternis glüht. Wieder zurück zu unserem sanften Kinderschlaf!

Was für ein wundervoller Tag, denke ich, und wende ihn gewissermaßen in meiner Hand, um wieder zu seinem Ausgangspunkt zu kommen. Was hat ihn so vollkommen gemacht? Gibt mir das Muster dieses Tages nicht irgendeinen Aufschluß? Es fängt damit an, daß dieser Tag unbelastet war. Wir waren weder räumlich noch zeitlich beengt. Seltsamerweise gibt uns eine Insel ein unbegrenztes Gefühl von Zeit und Raum. Der Tag war auch nicht durch irgendwelche Aufgaben begrenzt. Er hält ein natürliches Gleichgewicht zwischen dem körperlichen, dem intellektuellen und dem gemeinschaftlichen Leben. Sein Rhythmus ist leicht und ungezwungen. Die Arbeit leidet nicht unter irgendeinem Druck. Die Beziehung zum Mitmenschen erstickt nicht unter Verpflichtungen. Die Intimität ist durch die Leichtigkeit der Berührung gemildert. Wir sind wie Tänzer durch unseren Tag getanzt. Wir bedurften nicht mehr als der leisesten Berührung; denn wir bewegten uns instinktiv im gleichen Rhythmus.

Eine gute Beziehung ist wie ein Tanz und baut sich nach den gleichen Regeln auf. Die Partner bedürfen keines festen gegenseitigen Haltes, denn sie bewegen sich vertrauensvoll nach der gleichen Choreographie, die zwar kompliziert, aber heiter, schnell und leicht ist wie ein Menuett von Mozart. Eine plumpe Berührung würde alles zum Stillstand bringen, die Bewegung würde in sich erstarren. Der unaufhörlich wechselnden Schönheit, mit der sie sich entfaltet, wäre Einhalt geboten.

Hier ist kein Raum für die besitzergreifende Umklammerung, den Arm auf der Schulter, die schwere Hand; nichts als eine leise Berührung im Vorübergehen. Sei es Arm in Arm, sei es Auge in Auge, sei es Rücken gegen Rücken – das bleibt sich gleich. Denn man weiß, daß man der Partner des anderen ist, daß man sich im Gleichklang bewegt, daß man dem gleichen Formgesetz folgt und unsichtbar von ihm gespeist wird.

Die Freude daran besteht nicht nur in der schöpferischen Freude oder in der Freude des Mitteilens, es ist auch die Lebensfreude des Augenblicks. Die Leichtigkeit der Berührung und die Freude, den Augenblick ganz zu leben, sind miteinander verknüpft. Man kann nur gut tanzen, wenn man sich im vollkommenen Einklang zur Musik bewegt, wenn man nicht zögernd im letzten Schritt verharrt oder sich vorzeitig in den nächsten drängt. Man muß den Takt des Augenblicks erfassen. Dieses absolute Im-Takt-Sein verleiht einem schönen Tanz etwas Schwereloses, Zeitloses und Ewiges. Das ist es, was Blake meint, wenn er schreibt:

Wer mit Gewalt will die Freude betören,
Wird das beschwingte Leben zerstören.
Doch wer sie küßt im Vorüberschweben
Wird im ewigen Morgenglanz leben.

Tänzer, die sich in vollkommenem Einklang bewegen, zerstören nie das »beschwingte Leben« in sich oder in ihrer Gemeinsamkeit.

Wie erlernt man aber diese Technik des Tanzes? Weshalb ist sie so schwierig? Was läßt uns zögern und stolpern? Ich glaube, es ist die Angst, die uns heimwehkrank am jüngst vergangenen Augenblick festhalten läßt oder uns treibt, gierig nach dem nächsten zu greifen. Angst zerstört das »beschwingte Leben«. Wie kann man diese Angst bannen? Nur durch ihren Gegenspieler, die Liebe. Ist das Herz voll Liebe, bleibt kein Raum mehr für Angst, Zweifel und Unentschlossenheit. Und diese Furchtlosigkeit ist es, die gute Tänzer aus uns macht. Wenn jeder Partner so vollkommen in der Liebe aufgeht, daß er vergißt zu überlegen, ob er wiedergeliebt wird; wenn er nur noch weiß, daß er liebt und sich zur Melodie dieser Liebe bewegt – dann, und nur dann, können sich zwei Menschen in vollkommenem Einklang, in gleichem Rhythmus bewegen.

Aber besteht denn die Beziehung der Argonauten nur darin – nur in dieser persönlichen Choreographie zweier Tänzer, die sich im gleichen Takt bewegen? Sollten sie nicht auch in einem größeren Rhythmus harmonieren, in der natürlichen Schwingung des Pendels zwischen Gemeinsamkeit und Einsamkeit, zwischen dem Persönlichen und dem Abstrakten, dem Einzelnen und dem Ganzen, dem Nahen und dem Fernen? Und ist es nicht dieses Pendeln zwischen den Polen, das eine Beziehung fruchtbar macht? Yeats hat einmal gesagt, das großartigste Erlebnis im Leben sei, »tiefe Gedanken zu teilen und sich dann zu berühren«. Es bedarf aber beides.

Zuerst die Berührung, die intime Berührung der persönlichen Umwelt im einzelnen (die Arbeit im Haus, das Gespräch am Kamin); dann der Verlust der Intimität im großen Strom des Unpersönlichen und Abstrakten (der schweigende Strand, die bestirnte Kuppel über uns). Beide Partner verlieren sich im gemeinsamen Meer des Universums, das absorbiert und dennoch befreit, das trennt und dennoch verbindet. Entspricht das nicht dem, was die reifere Beziehung, die Begegnung der beiden Einsamkeiten, sein sollte? Der Zustand des Zweifachen Sonnenaufgangs war nur intim und persönlich, die Austernbank blieb im Besonderen und Zweckbedingten befangen. Aber sollten die Argonauten nicht über die Intimität, das Besondere und das Zweckbedingte hinaus in das Abstrakte und Ganze und dann wieder zurück zum Persönlichen schwingen können?

Liegt in dieser Vorstellung vom Pendel, das zwischen entgegengesetzten Polen im leichten Rhythmus schwingt, nicht der Schlüssel zu dem Problem jeder wechselseitigen Beziehung? Deutet sich hier nicht sogar Verständnis und Bejahung des beschwingten Lebens der Beziehungen und ihres ewigen Verebbens und Flutens und ihrer unvermeidlichen Unterbrechungen an? »Das Leben des Geistes«, sagt Saint-Exupéry, »das wahre Leben ist unbeständig und nur das Leben der Seele ist beständig... Der Geist... wechselt zwischen Übersicht und völliger Blindheit. Da ist zum Beispiel ein Mann, der seine Landwirtschaft liebt – aber es gibt gewisse Augenblicke, da sieht er sie nur als eine Ansammlung beziehungsloser Gegenstände. Da ist ein Mann, der seine Frau liebt – aber in gewissen Augenblicken sieht er in dieser Liebe nur eine Belastung, Behinderung, Beengung. Da ist ein Mann, der Musik liebt – aber in gewissen Augenblicken kann sie ihn nicht berühren.«

Das »wahre Leben« unserer Gefühle und Beziehungen ist ebenfalls unbeständig. Wenn man jemanden liebt, so liebt man ihn nicht die ganze Zeit, nicht Stunde um Stunde auf die ganz gleiche Weise. Das ist unmöglich. Es wäre sogar eine Lüge, wollte man diesen Eindruck erwecken. Und doch ist es genau das, was die meisten von uns fordern. Wir haben so wenig Vertrauen in die Gezeiten des Lebens, der Liebe, der Beziehungen. Wir jubeln der steigenden Flut entgegen und wehren uns erschrocken gegen die Ebbe. Wir haben Angst, sie würde nie zurückkehren. Wir verlangen Beständigkeit, Haltbarkeit und Fortdauer; und die einzig mögliche Fortdauer des Lebens wie der Liebe liegt im Wachstum, im täglichen Auf und Ab – in der Freiheit; einer Freiheit im Sinne von Tänzern, die sich kaum berühren und doch Partner in der gleichen Bewegung sind. Die einzige wirkliche Sicherheit liegt nicht im Soll und Haben, im Fordern oder Erwarten, nicht einmal im Hoffen. Die Sicherheit einer Beziehung besteht weder in sehnsuchtsvollem Verlangen nach dem, was einmal war, noch in angstvollem Bangen vor dem, was kommen könnte, sondern allein im lebendigen Bekenntnis zum Augenblick. Denn auch eine Beziehung muß wie eine Insel sein. Man muß sie nehmen, wie sie ist, in ihrer Begrenzung – eine Insel, umgeben von der wechselvollen Unbeständigkeit des Meeres, immerwährend vom Steigen und Fallen der Gezeiten berührt. Man muß die Sicherheit des beschwingten Lebens anerkennen, seiner Ebbe, seiner Flut und seiner Unbeständigkeit.

Unbeständigkeit – das ist etwas, was menschliche Wesen nicht lernen können. Wie kann man lernen, die Ebben seines Daseins zu überleben? Wie kann man lernen, das Wellental zu akzeptieren? Hier am Strand versteht man ihn leichter, hier, wo die atemlose Stille der Ebbe ein anderes Leben enthüllt als dasjenige, welches für gewöhnliche Sterbliche sichtbar ist. In diesem kristallklaren Schwebezustand erhält man plötzlich Einsicht in das verborgene Reich der Meerestiefe. In diesen seichten Untiefen, deren warme Strömungen man durchwatet, findet man seltsame Muscheln, gebleichte Kiesel, im Sand vergrabene flachgeschliffene Marmorstücke; und unzählige farbenfrohe Muscheln schimmern aus dem Schaum und öffnen und schließen ihre Schalen wie Schmetterlingsflügel. Die stille Stunde, in der sich das Meer zurückzieht, ist so schön wie die Stunde seiner Wiederkehr, in der die anstürmenden Wogen über den Strand donnern, den dunklen zerzausten Ketten aus Tang entgegendrängen, welche die Flutgrenze markieren.

Vielleicht ist das die wesentlichste Erkenntnis, die ich von meinem Strandleben mit nach Hause nehme: die Erinnerung, daß jede Phase der Welle gültig ist; daß jede Phase einer Beziehung gültig ist. Und meine Muscheln? Ich kann sie alle in meine Tasche stecken. Sie dienen nur dazu, mich daran zu erinnern, daß das Meer ewig verebbt und flutet.

VII

EINE HAND VOLL MUSCHELN

Heute ist mein letzter Inseltag. Was habe ich bei meinen Bemühungen, meinem Suchen am Strand gewonnen? Welche Antworten und Lösungen habe ich für mein Leben gefunden? In meiner Tasche habe ich ein paar Muscheln, ein paar Hinweise. Nur ein paar.

Wenn ich an meinen ersten Inseltag zurückdenke, wird mir klar, wie begierig ich gesammelt habe. Meine Taschen waren mit nassen Muscheln vollgestopft, an denen noch feuchter Sand haftete. Der Strand war mit wundervollen Muscheln übersät, und ich brachte es nicht über mich, sie unbeachtet zu lassen. Ich konnte beim Gehen nicht einmal den Kopf heben und auf das Meer hinausschauen, aus Angst, ich könnte etwas Kostbares zu meinen Füßen übersehn. Der Sammler geht mit Scheuklappen durch die Welt; er sieht nichts als den

Schatz, nach dem er jagt. Besitzinstinkt ist mit echtem Schönheitssinn nicht vereinbar. Aber als all meine Taschen ausgebeult und feucht, die Bücherregale angefüllt und die Fensterbretter übersät waren, verlor sich allmählich meine Sammlerwut. Ich fing an, meine Reichtümer zu sichten und eine Auswahl zu treffen.

Man kann nicht alle schönen Muscheln am Strand sammeln. Man kann nur einige sammeln, und sie sind um so schöner, je weniger es sind. Eine Mondmuschel ist eindrucksvoller als drei. Der Himmel besitzt auch nur einen Mond. Ein Zweifacher Sonnenaufgang ist ein Erlebnis; sechs sind eine Wiederholung wie die sechs Tage einer Schulwoche. Allmählich sortiert man aus und behält nur vollkommene Exemplare; es muß nicht einmal eine seltene Muschel sein, aber eine, die in ihrer Art vollkommen ist. Die stellt man gesondert auf, inmitten eines freien Raumes – wie eine Insel.

Denn Schönheit entfaltet sich nur im freien Raum. Nur im freien Raum sind Ereignisse, Gegenstände und Menschen unwiederholbar und unersetzlich und bedeutungsvoll – und deshalb auch schön. Ein Baum wird bedeutungsvoll, wenn man ihn vor der leeren Fläche des Himmels betrachtet. Ein Ton in einem Musikstück gewinnt an Bedeutung, wenn er zwischen zwei tonlosen Pausen steht. Eine Kerzenflamme blüht im Raum der Nacht. Selbst geringe und alltägliche Dinge gewinnen, wenn der Raum sie umspült, eine Bedeutung, wie ein paar hingehauchte Herbstgräser, die auf einer asiatischen Malerei in der Ecke eines leeren Blattes stehen.

Ich begreife allmählich, daß meinem Leben in Connecticut diese bedeutsame Eigenschaft und daher auch die Schönheit mangelt; denn in diesem Leben ist zu wenig freier Raum. Der Raum ist beschrieben, die Zeit angefüllt. Mein Terminkalender hat so wenig freie Seiten, mein Tag so wenig freie Stunden, mein Leben so wenig freie Räume, in denen ich allein sein kann, um zu mir selbst zu finden. Zu viele Aufgaben, zu viele Menschen und zu viele Dinge. Zuviel wichtige Aufgaben, zuviel wertvolle Dinge und interessante Menschen. Denn unser Leben ist nicht nur mit Trivialitäten überhäuft, sondern auch mit Wesentlichem. Wir können durch ein Übermaß an Kostbarkeiten erdrückt werden – von einem Zuviel an Muscheln, wo doch nur eine oder zwei bedeutungsvoll wären.

Hier, auf dieser Insel, hatte ich Raum. Auf dieser begrenzten Fläche war mir der Raum paradoxerweise aufgezwungen. Die örtliche Begrenztheit, die physischen Umstände, die Schwierigkeiten einer Verbindung mit der Außenwelt, haben zwangsläufig eine natürliche Auslese bewirkt. Es gibt nicht zuviel Tätigkeiten der Dinge oder Menschen, und jede einzelne Insel wird dadurch bedeutungsvoll; denn man sieht sie in einem angemessenen räumlichen und zeitlichen Rahmen. Hier hat man Zeit: Zeit zur Besinnung; Zeit, in Muße zu arbeiten; Zeit, um nachzudenken; Zeit, dem Reiher zuzusehen, wie er regungslos auf seine Beute wartet; Zeit, zu den Sternen aufzusehen oder eine Muschel zu betrachten; Zeit, seine Freunde zu sehen, zu schwatzen, zu lachen, sich zu unterhalten – ja, sogar Zeit, sich nicht zu unterhalten. Wenn ich mich zu

Hause mit meinen Freunden treffe, dann erscheint mir die Zeit in diesen ausgesparten Minuten so kostbar, daß man das Gefühl hat, man müsse jeden möglichen Augenblick mit Gesprächen vollstopfen. Wir können uns den Luxus des Schweigens nicht leisten. Hier, auf der Insel, entdecke ich, daß ich schweigend neben einem Freund sitzen kann und mit ihm den letzten Streifen des Tages teile, der silbriggrün am Horizont glänzt, oder die Ornamente einer kleinen, weißen Muschel oder die dunkle Narbe, die ein fallender Stern auf dem strahlenden Antlitz der Nacht hinterläßt. Dann wird die Mitteilung zum Teilhaftigwerden, und man empfängt einen Reichtum, den Worte niemals geben können.

Das Inselleben macht mich wählerisch. Aber diese Auswahl ist natürlich und nicht künstlich. Sie wählt zahlenmäßig, nicht nach Art. Man kann auf dieser Insel viele Arten von Erfahrungen sammeln, aber nicht zu viele; viele Arten von Menschen kennenlernen, aber nicht zu viele. Die Einfachheit des Lebens hier zwingt mich nicht nur zu geistiger oder gesellschaftlicher, sondern auch zu körperlicher Tätigkeit. Ich habe keinen Wagen und muß also meine Einkäufe und meine Post mit dem Rad besorgen. Wenn es kalt ist, sammle ich Treibholz für meinen Kamin und hacke es auch klein. Statt heiße Bäder zu nehmen, schwimme ich. Meinen Müll vergrabe ich, er wird nicht von einem Müllwagen geholt. Und wenn mir ein Gedicht nicht gelingt, backe ich Brot und bin genauso glücklich. Die meisten dieser körperlichen Arbeiten wären zu Hause eine Belastung; denn mein Leben ist eingeteilt und die Termine sind knapp bemessen. Dort habe ich ein Haus voll Kinder und bin für das Leben vieler Menschen verantwortlich. Hier, wo ich Zeit und Raum habe, sind mir die körperlichen Arbeiten eine willkommene Abwechslung. Sie bilden einen Ausgleich in meinem Leben, der mich erfrischt und den ich zu Hause nur selten erfrischend finde. Bettenmachen oder mit dem Auto zum Einkaufen fahren erfrischt nicht so wie Schwimmen oder Radfahren oder Mülleingraben. Ich kann daheim nicht den Müll eingraben, aber ich kann den Garten umgraben, kann mit dem Rad zu meinem Arbeitsplatz fahren und mir vornehmen, an schlechten Tagen Brot zu backen.

Auch unter den Menschen trifft meine Insel eine Auslese. Ihre begrenzte Fläche kann nicht zu viele Menschen aufnehmen. Ich sehe hier Menschen, die ich zu Hause nicht sehen würde, Menschen, die mir wegen ihres Alters oder ihres Berufs fernstehen. Wir in den Vororten der großen Städte sehen meist nur Menschen, die in unserem Alter sind und unsere Interessen teilen. Wir haben ja den Vorort gewählt, weil wir ähnliche Interessen und Ziele verfolgen. Meine Insel wählt Menschen für mich, die sehr verschieden von mir sind – den Fremdling, von dem sich jedesmal herausstellt, daß er interessant und anregend ist, wenn man ihn in einem Rahmen von genügend Raum und Zeit sieht. Ich habe hier erfahren, was jedermann auf einer Seereise oder einer langen Bahnfahrt oder einer zeitweiligen Isoliertheit in einem kleinen Dorf erfährt. Aus der Fülle des Lebens wählt uns der Zufall der zeitweiligen Verbannung aus einem begrenzten Kreis einige Menschen. Wir selbst hätten diese Nachbarn nie gewählt. Aber wenn wir auf dieser Lebensinsel zusammengewürfelt werden, dann bemühen wir uns um gegenseitiges Verstehen und werden durch dieses Bemühen angeregt. Die Schwierigkeit des Stadtlebens besteht darin, daß wir beim Auswählen – und das müssen wir tun, um unter solch hektischen Bedingungen leben, atmen und arbeiten zu können – dazu neigen, Menschen unserer Art zu wählen. Und das ist eine sehr eintönige Diät. Nur Hors d'œuvres und kein Fleisch, nur Süßigkeiten und kein Gemüse – es hängt von unserem Geschmack ab. Wie verschieden unsere Diät auch sein mag, eins ist gewiß: Wir wählen im allgemeinen das, was wir kennen, selten das, was uns fremd ist. Wir neigen dazu, nicht das Unbekannte zu wählen, das vielleicht einen Schock verursacht oder eine Enttäuschung auslöst oder einfach etwas schwierig zu verarbeiten ist. Und dabei ist es doch das Unbekannte mit all seinen Enttäuschungen und Überraschungen, was uns am meisten bereichert.

Diese Insel wählt in vieler Hinsicht besser für mich, als ich für mich zu Hause wähle. Werde ich, wenn ich zurück bin, wieder von meinen zentrifugalen tausendfüßlerischen Betätigungen erdrückt werden? Nicht nur von den Zerstreuungen, sondern auch von den zu vielen Möglichkeiten? Nicht nur von den langweiligen Menschen, sondern auch von zu vielen interessanten? Die Mannigfaltigkeit der Welt wird wieder mit ihren falschen Wertbegriffen über mir zusammenschlagen – Quantität statt Qualität, Tempo statt Ruhe, Lärm statt Stille, Worte statt Gedanken, Besitz statt Schönheit. Wie werde ich dem Ansturm widerstehen? Wie bleibe ich gesammelt gegen den Druck und das Zerren der »Zerrissenheit«?

Denn ich muß die natürliche Auslese der Insel durch eine bewußte, auf anderen Wertmaßen basierende Auslese ersetzen – Wertmaßen, deren ich mir hier deutlicher bewußt geworden bin. Insel-Richtlinien könnte man sie nennen, Wegweiser zu einem neuen Leben, wenn sie zu definieren wären; weitgehende

Vereinfachung des Lebens, um ein echtes Lebensgefühl zu wahren; Gleichgewicht des physischen, intellektuellen und seelischen Lebens; Arbeit ohne Druck; Raum für Wesentliches und Schönes; Zeit für Einsamkeit und Gemeinsamkeit; Naturverbundenheit, um das Verständnis und den Glauben an die Wechselwirkungen des Lebens zu stärken: das Leben der Seele, das schöpferische Leben und die Lebendigkeit der menschlichen Beziehungen. Ein paar Muscheln.

Das Inselleben war eine Linse, durch die ich mein eigenes Leben im Norden betrachtet habe. Ich muß meine Linse mitnehmen, wenn ich fortgehe. Nach und nach wird meine Ferien-Sicht verblassen. Ich muß mir vornehmen, die Dinge weiterhin mit Insel-Augen zu sehen. Die Muscheln werden mich daran erinnern; sie müssen meine Insel-Augen sein.

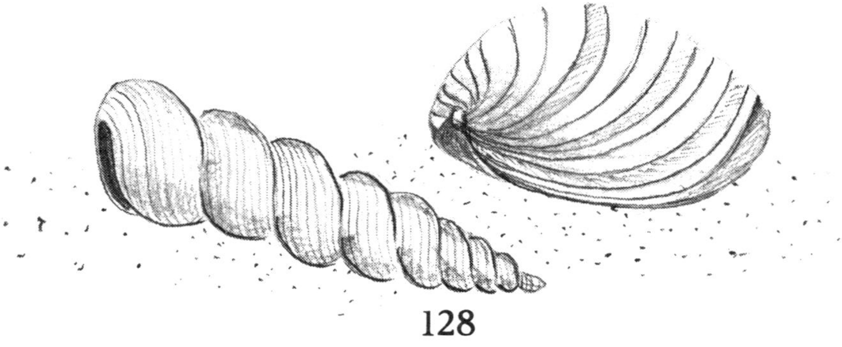

VIII

DER STRAND LIEGT HINTER MIR

Ich ergreife meinen Strandbeutel. Der Sand bietet meinen Füßen keinen Halt mehr. Die Zeit der Besinnung ist fast vorüber.

Die Suche nach äußerer Vereinfachung, nach innerer Integrität, nach einer vollständigeren Beziehung – ist das nicht ein beschränkter Ausblick? Natürlich ist es das in gewissem Sinn. Die Menschheit von heute steht völlig unvorbereitet vor der Tatsache, daß ihr Lebensraum der ganze Erdball ist. Die Welt um uns rumort in Eruptionen, die immer weitere Kreise ziehen. Die Spannungen, Konflikte und Leiden noch der äußersten Kreise berühren uns alle und schwingen in jedem von uns nach. Wir können uns diesen Erschütterungen nicht entziehen.

Aber wieweit können wir diesem planetarischen Bewußtsein Rechenschaft tragen? Man verlangt heute von uns, daß wir mit allen Geschöpfen der Erde Mitgefühl haben, daß wir alle Informationen, die durch die Rotationsmaschinen verbreitet werden, verstandesmäßig verarbeiten und daß wir jedem ethischen Impuls unseres Herzens und unseres Verstandes durch die Tat Ausdruck verleihen. Die Zusammenhänge im Weltgefüge verbinden uns mit mehr Menschen, als unser Herz erfassen kann. Oder vielmehr – denn ich glaube, das Herz kennt keine Grenze –: Die modernen Nachrichtenmittel bürden uns mehr Probleme auf, als die menschliche Natur aushalten kann. Ich glaube, daß es unserem Herzen, unserer Seele, unserer Vorstellungskraft guttut, wenn sie bis zum äußersten beansprucht werden; aber Körper, Nerven, Durchhaltevermögen und Lebensspanne sind nicht so elastisch. Mein Leben reicht nicht aus, all den Menschen zu helfen, die an mein Herz appellieren. Ich kann sie nicht alle heiraten, kann ihnen nicht allen Mutter sein oder für alle sorgen, wie ich für meine Eltern sorgen würde, wenn sie alt und krank wären. Unsere Großmütter und sogar – mit einiger Anstrengung – unsere Mütter lebten in einem Kreis, der klein genug war, ihnen zu erlauben, die meisten ihrer seelischen und Herzensregungen in die Tat umzusetzen. Wir sind in einer Überlieferung erzogen worden, die wir heute nicht mehr erfüllen können; denn unser Radius weitet sich ins Unendliche.

Was können wir angesichts dieses Dilemmas tun? Wie können wir unser planetarisches Bewußtsein mit unserem puritanischen Gewissen in Einklang bringen? Wir sind zu Kompromissen gezwungen. Weil wir den vielen als Individuen nicht gerecht werden können, versuchen wir manchmal, diese vielen auf einen vereinfachten Nenner zu bringen, den wir Masse nennen. Weil wir mit der Kompliziertheit unserer Zeit nicht fertig werden, setzen wir uns oft kurzerhand darüber hinweg und flüchten uns in einen vereinfachten Zukunftstraum. Weil wir unsere eigenen häuslichen Probleme nicht lösen können, beschäftigen wir uns mit den abseitsliegenden Problemen der Welt. Die unerträgliche Last, die wir uns aufgebürdet haben, hat einen Fluchtprozeß ausgelöst. Kann man aber für einen abstrakten Begriff, den man Masse nennt, ein wirklich tiefes Gefühl aufbringen? Kann man die Zukunft zum Ersatz für die Gegenwart machen? Und was garantiert uns, daß diese Zukunft besser sein wird, wenn wir die Gegenwart vernachlässigen? Kann man Weltprobleme lösen, wenn man unfähig ist, die eigenen zu lösen? Wohin hat uns dieser Prozeß geführt? Waren wir erfolgreich, indem wir an der Peripherie gearbeitet haben statt im Zentrum?

Wenn wir uns die Zeit nehmen, darüber nachzudenken, sind dann nicht die wahren Opfer im heutigen Leben eben diese Zentren, über die ich gesprochen habe: das Hier, das Heute, das Individuum und seine Beziehungen. Das Heute läßt man am Weg stehen bei der Jagd nach dem Morgen, das Hier wird zugunsten des Dort vernachlässigt und das Individuum verschwindet in der Masse. Amerika, das noch immer die herrlichste Gegenwart hat, die es heute auf der Welt gibt, hat in seiner unersättlichen Gier nach der Zukunft kaum

Zeit, sie zu genießen. Vielleicht sagt der Historiker oder der Soziologe oder der Philosoph, daß wir immer noch von der Schwungkraft unseres Entdeckungstriebes beflügelt werden, immer noch unter dem Einfluß unseres Pionierdranges oder unserer puritanischen Besorgtheit stehen, die uns »den nächsten Schritt zu tun« heißt. Hingegen entwickelte Europa, von dem wir glauben, es sei der Vergangenheit hörig, nach dem letzten Krieg seltsamerweise ein neues Gegenwartsbewußtsein. Die schöne Vergangenheit ist so fern, die nahe so grauenvoll und die Zukunft so ungewiß, daß die Gegenwart Gelegenheit hat, sich zu einer goldenen Ewigkeit des Hier und Jetzt auszuweiten. Der Europäer von heute genießt die Stunde, auch wenn es sich nur um einen Spaziergang am Sonntagnachmittag oder eine Tasse schwarzen Kaffees auf einer Kaffeehausterrasse handelt.

Vielleicht erkennen wir die Werte des Hier und Jetzt immer erst dann, wenn sie, wie heute sogar in Amerika, in Gefahr sind. Und haben die Gefahren und Versuchungen, die dem Einzelnen in einer Zeit drohen, wo er seine Individualität der Masse preisgibt – ob der Kriegsindustrie oder der Standardisierung von Gedanken und Handlungen – nicht ein neues Gefühl für die Würde des Einzelnen in uns geweckt? Sind wir jetzt bereit, die wahren Werte des Hier und Heute und des Einzelnen wirklich zu erkennen?

Das Hier, das Heute und das Individuum lagen dem Heiligen, dem Künstler, dem Dichter und – seit Urzeiten – der Frau immer besonders am Herzen. Im kleinen häuslichen Kreis war sie sich der besonderen Einzigartigkeit eines jeden Familienmitgliedes, der Spontaneität des Heute, der Lebendigkeit des Hier immer bewußt. Das ist die Grundsubstanz des Lebens. Das sind die individuellen Elemente, aus welchen die größeren Einheiten wie Masse, Zukunft und Welt entstehen. Wir können diese Elemente vielleicht vernachlässigen, wir können aber nicht auf sie verzichten. Sie sind die Tropfen, aus denen der Strom entsteht. Sie sind die Essenz des Lebens. Es mag unsere besondere Aufgabe sein, diese vernachlässigten Wirklichkeiten wieder zu betonen, nicht um uns größeren Verantwortungen zu entziehen, sondern um einen ersten Schritt zu tieferem Verständnis und einer Lösung zu tun. Wenn wir damit bei uns selbst beginnen, entdecken wir etwas Wesentliches, das bis an die Peripherie des Kreises reicht. Wir finden wieder etwas von der Freude am Heute, etwas vom Frieden im Hier, etwas von der Liebe in mir und dir, aus dem das Himmelreich auf Erden erschaffen ist.

Hinter mir dröhnt das Meer. Geduld – Glaube – Bereitsein. Das ist es, was das Meer uns lehrt. Einfachheit – Einsamkeit – Wechsel... Aber es gibt noch andere Gestade zu erforschen. Es gilt, noch mehr Muscheln zu finden. Dies ist nur ein Anfang.

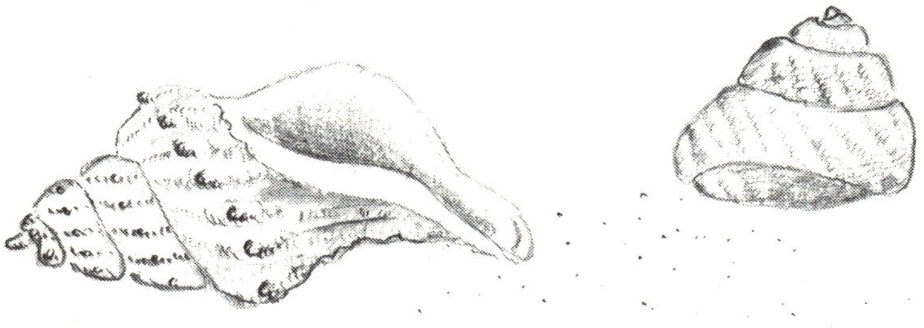

Richarz Geschenkbibliothek

Großdruckbücher
Bücher in großer Schrift

Anthologien / Gedichte

Anne Morrow Lindbergh
Muscheln in meiner Hand
136 Seiten. ISBN 3-87585-702-X

Hartfrid Voss (Hrsg.)
Stiller Strandgarten
und andere literarische Kabinettstücke
160 Seiten. ISBN 3-87585-704-6

Heinrich Waggerl
Liebe Dinge
104 Seiten. ISBN 3-87585-721-6

Köstliche Kurzgeschichten
Perlen deutscher Erzählkunst
93 Seiten. ISBN 3-87585-705-4

Richard von Volkmann Leander
Träumereien an französischen Kaminen
160 Seiten mit Illustrationen.
ISBN 3-87585-720-8

Eugen Roth
Geschichten und Verse
160 Seiten. ISBN 3-87585-726-7

Karl Jacobs (Hrsg.)
Großeltern und Enkel
Mancherlei Begegnungen
200 Seiten. ISBN 3-87585-714-3

Zur Lesefreude
160 Seiten. ISBN 3-87585-724-0

Heiteres und Weiteres
Vergnügliche Geschichten
157 Seiten. ISBN 3-87585-727-5